»WER DICHTEN WILL,
DER TÄTE GUT,
ER MACHT' ES SO,
WIE GOETHE TUT!«

ERICH MÜHSAM

INHALT

EIN TÜCHTIG WORT VON JOHANN WOLFGANG VON GOETHE

AUSWAHL UND ZUSAMMENSTELLUNG: FRANZISKA KLEINER

neues leben

»GREIFT NUR HINEIN INS VOLLE MENSCHENLEBEN«

Denken und Tun, Tun und Denken, das **IST DIE SUMME ALLER WEISHEIT**, von jeher anerkannt, von jeher geübt, nicht eingesehen von einem jeden. Beides muss **WIE AUS- UND EINATMEN** sich im Leben ewig fort hin und wider bewegen; **WIE FRAGE UND ANTWORT** sollte eins ohne das andre nicht stattfinden. Wer sich zum Gesetz macht, was einem jeden Neugebornen der Genius des Menschenverstandes heimlich ins Ohr flüstert, das Tun am Denken, das Denken am Tun **ZU PRÜFEN**, der kann nicht irren. WILHELM MEISTERS WANDERJAHRE

•

Wär nicht **DAS AUGE** sonnenhaft, ¶ Die Sonne könnt es nie erblicken; ¶ Lag nicht **IN UNS** des Gottes eigne Kraft, ¶ Wie könnt uns Göttliches entzücken? ZAHME XENIEN

•

So **HOCH** die Nase reicht, da mags wohl gehn; ¶ Was **ABER DRÜBER** ist, können sie nicht sehn. ZAHME XENIEN

•

Was verkürzt mir die Zeit? – Tätigkeit! ¶ Was macht sie unerträglich lang? – Müßiggang! ¶ Was bringt in Schulden? – **HARREN UND DULDEN!** ¶ Was macht gewinnen? – Nicht lange besinnen! ¶ Was bringt zu Ehren? – Sich wehren! WEST-ÖSTLICHER DIVAN. FÜNF ANDERE DINGE

•

Wer mit dem Leben spielt, ¶ Kommt nie zurecht. ¶ Wer sich **NICHT SELBST BEFIEHLT**, ¶ Bleibt immer ein Knecht.

ZAHME XENIEN

•

Abwechselung ohne Zerstreuung wäre für Lehre und Leben der schönste Wahlspruch, wenn **DIESES LÖBLICHE GLEICHGEWICHT** nur so leicht zu erhalten wäre! DIE WAHLVERWANDTSCHAFTEN

•

Der Mensch kann **NUR MIT SEINESGLEICHEN** leben, und auch mit denen nicht; denn er kann auf die Länge nicht leiden, dass ihm jemand gleich sei. MAXIMEN UND REFLEXIONEN. NACHLESE

•

Lockte die Neugier nicht den Menschen mit heftigen Reizen, ¶ Sagt, erführ er wohl je, wie schön sich die weltlichen Dinge ¶ Gegeneinander verhalten? Denn erst verlangt er das Neue, ¶ Suchet **DAS NÜTZLICHE** dann mit unermüdetem Fleiße; ¶ Endlich **BEGEHRT ER DAS GUTE**, das ihn erhebet und wert macht. HERMANN UND DOROTHEA

•

Greift nur hinein **INS VOLLE MENSCHENLEBEN**! ¶ Ein jeder lebt's, nicht vielen ist's bekannt, ¶ Und wo Ihr's packt, da ist's interessant. FAUST I

•

Wer **SICH GRÜN MACHT**, den fressen die Ziegen.

GEDICHTE. EIN MEISTER EINER LÄNDLICHEN SCHULE

•

Die **BOTANIKER** haben eine Pflanzenabteilung, die sie Incompletae nennen; man kann eben auch sagen, dass es inkomplette, **UNVOLLSTÄNDIGE MENSCHEN** gibt. Es sind diejenigen, deren **SEHNSUCHT UND STREBEN** mit ihrem Tun und Leisten nicht proportioniert ist. MAXIMEN UND REFLEXIONEN. AUS WILHELM MEISTERS WANDERJAHREN

•

WENN WIR … DIE MENSCHEN NUR NEHMEN, **WIE SIE SIND**, SO MACHEN WIR SIE SCHLECHTER. WENN WIR SIE BEHANDELN, ALS WÄREN SIE, **WAS SIE SEIN SOLLTEN**, SO BRINGEN WIR SIE DAHIN, WOHIN SIE ZU BRINGEN SIND.

WILHELM MEISTERS LEHRJAHRE

Wer kennt sich selbst? **WER WEIß, WAS ER VERMAG?** ¶ Hat nie der Mutige Verwegnes unternommen? ¶ Und was du tust, sagt erst der andre Tag, ¶ War es zum Schaden oder Frommen. GEDICHTE. ILMENAU

•

Ich bin so guter Dinge, ¶ So heiter und rein, ¶ **UND WENN** ich einen Fehler beginge, ¶ Könnt's **KEINER** sein. ZAHME XENIEN

•

DAS MUSS IST HART, aber beim Muss kann der Mensch allein zeigen, wie's inwendig mit ihm steht. Willkürlich leben kann jeder. AN JOHANN FRIEDRICH KRAFFT

•

Was soll ich **VIEL LIEBEN**, was soll ich **VIEL HASSEN?** ¶ Man lebt nur vom Lebenlassen. GEDICHTE. SPRICHWÖRTLICH

•

Was ist der Mensch, der gepriesene Halbgott! Ermangeln ihm nicht eben da die Kräfte, wo er sie am nötigsten braucht? Und wenn er **IN FREUDE SICH AUFSCHWINGT** oder **IM LEIDEN VERSINKT,** wird er nicht in beiden eben da aufgehalten, eben da zu dem stumpfen, kalten Bewusstsein wieder zurückgebracht, da er sich **IN DER FÜLLE DES UNENDLICHEN** zu verlieren sehnte? DIE LEIDEN DES JUNGEN WERTHER

•

Von Verdiensten, die wir zu schätzen wissen, haben wir **DEN KEIM** in uns. ZUM SHAKESPEARETAG

•

Nur **DIE LUMPE** sind bescheiden, ¶ **BRAVE** freuen sich der Tat. GEDICHTE. RECHENSCHAFT

•

Auch denen ist's wohl, die ihren Lumpenbeschäftigungen oder wohl gar ihren Leidenschaften prächtige Titel geben und sie dem Menschengeschlechte **ALS RIESENOPERATIONEN** zu dessen Heil und Wohlfahrt anschreiben. DIE LEIDEN DES JUNGEN WERTHER

•

Es darf sich einer nur **FÜR FREI ERKLÄREN**, so fühlt er sich denselben Augenblick **ALS BEDINGT**. Wagt er es, sich für bedingt zu erklären, **SO FÜHLT ER SICH FREI.** MAXIMEN UND REFLEXIONEN. AUS DEN WAHLVERWANDTSCHAFTEN

•

Alle Menschen, wie sie zur Freiheit gelangen, machen ihre Fehler geltend: **DIE STARKEN** das Übertreiben, **DIE SCHWACHEN** das Vernachlässigen. MAXIMEN UND REFLEXIONEN. AUS KUNST UND ALTERTUM

•

ARMER MENSCH, an dem der Kopf alles ist! AN JOHANN GOTTFRIED HERDER

•

Nicht überall, wo Wasser ist, sind **FRÖSCHE**; aber wo man Frösche hört, ist Wasser. MAXIMEN UND REFLEXIONEN. AUS KUNST UND ALTERTUM

•

Und so lang du das nicht hast, ¶ Dieses: **STIRB UND WERDE!** ¶ Bist du nur ein trüber Gast ¶ Auf der dunklen Erde. WEST-ÖSTLICHER DIVAN. SELIGE SEHNSUCHT

•

Der Mensch erfährt, er sei auch, wer er mag, ¶ Ein **LETZTES** Glück und einen **LETZTEN** Tag. GEDICHTE, SPRICHWÖRTLICH

•

ERKENNE DICH SELBST! … heißt ganz einfach: Gib einigermaßen Acht auf dich selbst, nimm Notiz von dir selbst, damit du gewahr werdest, wie du zu deinesgleichen und der Welt zu stehen kommst! Hiezu bedarf es keiner psychologischen Quälereien; jeder tüchtige Mensch weiß und erfährt, was es heißen soll; es ist ein guter Rat, der einem jeden praktisch **ZUM GRÖßTEN VORTEIL** gedeiht. MAXIMEN UND REFLEXIONEN.

•

Der Mensch erkennt **NUR DAS** an und preist nur das, **WAS ER SELBER** zu machen fähig ist. GESPRÄCHE MIT ECKERMANN

•

WENN DU DICH SELBER MACHST ZUM KNECHT, ¶ **BEDAUERT DICH NIEMAND**, GEHT'S DIR SCHLECHT; ¶ MACHST DU DICH ABER SELBST ZUM HERRN, ¶ DIE LEUTE SEHN ES AUCH NICHT GERN; ¶ UND BLEIBST DU ENDLICH, **WIE DU BIST**, ¶ SO SAGEN SIE, DASS NICHTS AN DIR IST.

EPIGRAMMATISCH

Man geht **NIE WEITER**, als wenn man nicht mehr weiß, wohin man geht. MAXIMEN UND REFLEXIONEN. ÜBER LITERATUR UND LEBEN

•

Tages Arbeit! Abends Gäste! ¶ **SAURE** Wochen! **FROHE** Feste! GEDICHTE. DER SCHATZGRÄBER

•

Ich liebe mir den heitern Mann ¶ Am meisten unter meinen Gästen! ¶ Wer sich **NICHT SELBST ZUM BESTEN HABEN** kann, ¶ Der ist gewiss nicht von den Besten. EPIGRAMMATISCH

•

Das ist eine **VON DEN GROẞEN TATEN**, ¶ Sich in seinem eignen Fett zu braten. ZAHME XENIEN

•

Es bleibt daher wohl nichts weiter übrig, als zu tun, was unsere Vorfahren getan haben: nicht zu handeln und zu beobachten **OHNE ZU DENKEN**, und nicht zu denken **OHNE ZU HANDELN** und zu beobachten; ja, uns so zu gewöhnen, dass **UNSERE GANZE NATUR**, mit allen ihren Fähigkeiten, zusammen und einzeln, so gut es nur gehen mag, wirken könne. AN CARL WIG. M. JACOBI, WEIMAR, 1799

•

Charakter im Großen und Kleinen ist, dass der Mensch demjenigen **EINE STETE FOLGE GIBT**, dessen er sich fähig fühlt. MAXIMEN UND REFLEXIONEN. ÜBER LITERATUR UND LEBEN

•

Tiefe Gemüter sind genötigt, in der **VERGANGENHEIT** so wie in der **ZUKUNFT** zu leben. DICHTUNG UND WAHRHEIT

•

Das ist der **WEISHEIT LETZTER SCHLUSS**: ¶ Der verdient sich Freiheit wie das Leben, ¶ Der **TÄGLICH** sie erobern muss. FAUST II

•

Man schmeichelt sich **INS LEBEN HINEIN**, aber das Leben schmeichelt uns nicht. DIE WAHLVERWANDTSCHAFTEN

•

Es gibt **PROBLEMATISCHE NATUREN,** die keiner Lage gewachsen sind, in der sie sich befinden, und denen keine genugtut. Daraus entsteht der ungeheure Widerstreit, der **DAS LEBEN OHNE GENUSS** verzehrt. MAXIMEN UND REFLEXIONEN. AUS KUNST UND ALTERTUM

•

Gut verloren – etwas verloren! ¶ Musst rasch dich **BESINNEN** ¶ Und neues gewinnen. ¶ Ehre verloren – viel verloren! ¶ Musst Ruhm **GEWINNEN,** ¶ Da werden die Leute sich anders besinnen. ¶ Mut verloren – alles verloren! ¶ **DA WÄR ES BESSER, NICHT GEBOREN.** ZAHME XENIEN

•

Was ist **DES FREIESTEN** Freiheit? – Recht zu tun! EGMONT

•

Dass die Kinder nicht wissen, warum sie wollen, darin sind alle hochgelehrten Schul- und Hofmeister einig; dass aber auch Erwachsene gleich Kindern auf diesem Erdboden herumtaumeln und wie jene nicht wissen, **WOHER SIE KOMMEN UND WOHIN SIE GEHEN,** ebensowenig nach wahren Zwecken handeln, ebenso durch Biskuit und Kuchen und Birkenreiser regiert werden: das will niemand gern glauben, und mich dünkt, man kann es mit Händen greifen. DIE LEIDEN DES JUNGEN WERTHER

•

Mit Tugendsprüchen und großen Worten ¶ **GEFÄLLT** man wohl an allen Orten. DAS JAHRMARKTSFEST ZU PLUNDERSWEILERN

•

Ich weiß, dass dem Menschen **SEINE VORSTELLUNGEN** Wirklichkeiten sind. AN JOHANN FRIEDRICH KRAFFT, 1778

•

Was du ererbt von deinen Vätern hast, ¶ **ERWIRB ES,** um es zu besitzen. ¶ Was man **NICHT NÜTZT,** ist eine schwere Last, ¶ Nur was der Augenblick erschafft, das kann er nützen. FAUST I

•

Wir lernen die Menschen **NICHT KENNEN,** wenn sie zu uns kommen; wir müssen zu ihnen gehen, um zu erfahren, wie es mit ihnen steht. MAXIMEN UND REFLEXIONEN. AUS DEN WAHLVERWANDTSCHAFTEN

•

GLÜCK UND UNGLÜCK ist im Leben ineinander gekettet wie Schlaf und Wachen, keins ohne das andre, und eins um des andern willen. AN ANNA MARGARETHA TEXTOR

•

Die Menschen werden an sich und andern irre, weil sie **DIE MITTEL ALS ZWECK** behandeln, da denn vor lauter Tätigkeit **GAR NICHTS GESCHIEHT** oder vielleicht gar das Widerwärtige. WILHELM MEISTERS WANDERJAHRE

•

Genieße mäßig Füll und Segen; ¶ Vernunft sei **ÜBERALL** zugegen, ¶ Wo Leben sich des Lebens freut. ¶ Dann ist **VERGANGENHEIT** beständig, ¶ Das **KÜNFTIGE** voraus lebendig, ¶ Der **AUGENBLICK** ist Ewigkeit. GEDICHTE. VERMÄCHTNIS

•

Der **TAG DER GUNST** ist wie ein Tag der Ernte, ¶ Man muss geschäftig sein, sobald sie reift. TORQUATO TASSO

•

Die Sterne, die begehrt man nicht, ¶ Man **FREUT SICH IHRER PRACHT,** ¶ Und mit Entzücken blickt man auf ¶ In jeder heitern Nacht. GEDICHTE. TROST IN TRÄNEN

•

Fahre so fort, mit heiterem Sinn, auf zwei Dinge zu achten: erstlich, **WORAUF** die Menschen hinauswollen? Und zweitens, **WIE SIE SICH DESHALB MASKIEREN?** Zeige dich nicht allzu behaglich, damit sie dir dein Glück nicht übelnehmen. AN AUGUST VON GOETHE

•

Der Erzieher muss **DIE KINDHEIT** hören, nicht das Kind. WILHELM MEISTERS WANDERJAHRE

•

DAS, WAS WIR BÖSE NENNEN, IST **NUR DIE ANDRE SEITE** VOM GUTEN, DIE SO NOTWENDIG ZU SEINER EXISTENZ UND IN DAS GANZE GEHÖRT, ALS ZONA TORRIDA BRENNEN UND LAPPLAND EINFRIEREN MUSS, DASS ES EINEN GEMÄẞIGTEN HIMMELSSTRICH GEBE.

ZUM SHAKESPEARETAG

Gewissen Geistern muss man ihre **IDIOTISMEN** lassen.
MAXIMEN UND REFLEXIONEN. AUS KUNST UND ALTERTUM

•

Man kann einen Vorsatz nicht sicherer **ABSTUMPFEN,** als wenn man ihn öfter durchspricht. DIE WAHLVERWANDTSCHAFTEN

•

Man kann **SEHR GLÜCKLICH SEIN,** wenn man die Zustimmung der andern nicht fordert. AN CARL FRIEDRICH ZELTER

•

Unsre Leidenschaften **SIND WAHRE PHÖNIXE.** Wie der alte verbrennt, steigt der neue sogleich wieder aus der Asche hervor. MAXIMEN UND REFLEXIONEN. AUS DEN WAHLVERWANDTSCHAFTEN

•

Den **BEWEIS DER UNSTERBLICHKEIT** muss jeder in sich selber tragen, an andere kann er nicht gegeben werden.
GESPRÄCHE MIT FRIEDRICH VON MÜLLER

•

Man mag **NICHT MIT JEDEM** leben, und so kann man auch **NICHT FÜR JEDEN** leben; wer das recht einsieht, wird seine Freunde höchlich zu schätzen wissen, seine Feinde nicht hassen noch verfolgen; vielmehr erlangt der Mensch nicht leicht einen größeren Vorteil, als wenn er **DIE VORZÜGE SEINER WIDERSACHER** gewahr werden kann: dies gibt ihm ein entschiedenes Übergewicht über sie. MAXIMEN UND REFLEXIONEN. AUS DEN HEFTEN ZUR MORPHOLOGIE

•

Nicht Wünschelruten, nicht Alraune, ¶ Die beste Zauberei liegt **IN DER GUTEN LAUNE.** FAUST I

•

Man **BETRÜGT SICH ODER DEN ANDERN,** und meist so beide. GÖTZ VON BERLICHINGEN MIT DER EISERNEN HAND

•

Wer nichts **FÜR ANDERE** tut, der tut auch nichts **FÜR SICH.** CLAVIGO

•

Der Mensch ist ein wahrer Narziss; er bespiegelt sich überall gern selbst, er legt **SICH ALS FOLIE** der ganzen Welt unter.
DIE WAHLVERWANDTSCHAFTEN

•

Eitelkeit ist eine persönliche Ruhmsucht: man will nicht wegen seiner Eigenschaften, seiner Verdienste, Taten geschätzt, geehrt, gesucht werden, sondern um **SEINES INDIVIDUELLEN DASEINS** willen. Am besten kleidet die Eitelkeit deshalb eine frivole Schöne. MAXIMEN UND REFLEXIONEN. ÜBER LITERATUR UND LEBEN

•

Nach ewigen, ehrnen, ¶ Großen Gesetzen ¶ Müssen wir alle ¶ **UNSERES DASEINS** ¶ **KREISE** vollenden. ¶ Nur allein der Mensch ¶ **VERMAG DAS UNMÖGLICHE:** ¶ Er unterscheidet, ¶ Wählet und richtet; ¶ Er kann **DEM AUGENBLICK** ¶ **DAUER** verleihen. GEDICHTE. DAS GÖTTLICHE

•

Du bist am Ende – **WAS DU BIST.** ¶ Setz dir Perücken auf von Millionen Locken, ¶ Setz deinen Fuß auf ellenhohe Socken, ¶ Du bleibst doch immer, **WAS DU BIST.** FAUST I

•

Wer was gelten will, ¶ Muss **ANDRE** gelten lassen. ZAHME XENIEN

•

Es ist ein Zug der Kindheit, **AUS ALLEM ALLES** machen zu können. WILHELM MEISTERS THEATRALISCHE SENDUNG

•

Sobald du dir **VERTRAUST**, sobald weißt du zu leben. FAUST I

•

Wo Anmaßung mir wohlgefällt? ¶ An Kindern: **DENEN GEHÖRT DIE WELT.** GEDICHTE. SPRICHWÖRTLICH

•

Handelt einer **MIT HONIG**, er leckt zuweilen die Finger.
REINEKE FUCHS

•

ES IST WOHL ANGENEHM, SICH MIT SICH SELBST ¶ BESCHÄFT'GEN, **WENN ES NUR SO NÜTZLICH** WÄRE. ¶ INWENDIG LERNT KEIN MENSCH **SEIN INNERSTES** ¶ **ERKENNEN**. DENN ER MISST NACH EIGNEM MAß ¶ SICH BALD ZU KLEIN UND LEIDER OFT ZU GROß. ¶ DER MENSCH ERKENNT SICH NUR IM MENSCHEN, NUR ¶ DAS LEBEN LEHRET JEDEM, **WAS ER SEI**.

TORQUATO TASSO

Denn wir können die Kinder nach unserem Sinne nicht formen; ¶ So wie Gott sie uns gab, so muss man sie haben und lieben, ¶ Sie **ERZIEHEN AUFS BESTE UND JEGLICHEN LASSEN GEWÄHREN.** ¶ Denn der eine hat die, die anderen andere Gaben; ¶ Jeder braucht sie, und jeder ist doch nur auf eigene Weise ¶ Gut und glücklich ... HERMANN UND DOROTHEA

•

Der Undank ist immer **EINE ART SCHWÄCHE.** Ich habe nie gesehen, dass tüchtige Menschen wären undankbar gewesen. MAXIMEN UND REFLEXIONEN. AUS KUNST UND ALTERTUM

•

Unter allem Diebsgesindel sind **DIE NARREN** die schlimmsten: sie rauben euch beides, Zeit und Stimmung. WILHELM MEISTERS WANDERJAHRE

•

Es ist möglich, dass man durch Tadel und Schelten, durch Moralisieren und Predigen, durch Warnung vor üblen Folgen, durch Drohung von Strafen manchen Menschen vom Bösen abhält, ja auf einen guten Weg bringt; aber eine **WEIT HÖHERE KULTUR** wird bei Kindern und Erwachsenen eingeleitet, wenn man nur **BEWIRKEN** kann, dass sie über sich selbst reflektieren. GRÜBELS GEDICHTE

•

Des Menschen Leben ist **MÜHSELIG,** doch überwiegt das Leben alles, wenn **DIE LIEBE** in der Schale liegt. AN CHARLOTTE VON STEIN

•

Aber eins bringt **NIEMAND MIT AUF DIE WELT,** und doch ist es das, worauf alles ankommt, damit der Mensch nach allen Seiten zu ein Mensch sei ... »Ehrfurcht!« WILHELM MEISTERS WANDERJAHRE

•

ELENDER ist nichts als der **BEHAGLICHE** Mensch ohne Arbeit! TAGEBÜCHER

•

Edel sei der Mensch, ¶ Hilfreich und gut! ¶ Denn das **ALLEIN** ¶ **UNTERSCHEIDET IHN** ¶ Von allen Wesen, ¶ Die wir kennen.
GEDICHTE. DAS GÖTTLICHE

•

An dem öden Strand des Lebens, ¶ Wo sich Dün' auf Düne häuft, ¶ Wo der Sturm im Finstern träuft, ¶ Setze dir **EIN ZIEL** des Strebens. GEDICHTE. LOGE

•

Alle Menschen groß und klein ¶ Spinnen sich ein Gewebe fein, ¶ Wo sie mit ihrer Scheren Spitzen ¶ Gar zierlich **IN DER MITTE** sitzen. ¶ Wenn nun darein ein Besen fährt, ¶ Sagen sie, es sei unerhört, ¶ Man habe **DEN GRÖßTEN PALAST** zerstört. WEST-ÖSTLICHER DIVAN

•

Vieles wünscht sich der Mensch, und doch bedarf er nur wenig, ¶ Denn die Tage sind kurz, und **BESCHRÄNKT DER STERBLICHEN SCHICKSAL.** HERMANN UND DOROTHEA

•

Wüchsen die Kinder **IN DER ART** fort, wie sie sich andeuten, so hätten wir **LAUTER GENIES.** DICHTUNG UND WAHRHEIT

•

Der Mensch kommt moraliter ebenso **NACKT AUF DIE WELT** als physice. Daher ist **SEINE SEELE** in der Jugend so empfindlich gegen die äußere Witterung. GESPRÄCHE MIT RIEMER

•

In der Jugend bald die **VORZÜGE DES ALTERS** gewahr zu werden, im Alter die **VORZÜGE DER JUGEND** zu erhalten, beides ist nur ein Glück. MAXIMEN UND REFLEXIONEN. ÜBER LITERATUR UND LEBEN

•

Es soll nicht genügen, dass man Schritte tue, die einst zum Ziele führen, sondern **JEDER SCHRITT SOLL ZIEL SEIN** und als Schritt gelten. GESPRÄCHE MIT ECKERMANN

»DIESES IST DAS BILD DER WELT«

Dass wir uns in ihr zerstreuen, ¶ Darum ist **DIE WELT** so **groß.** WILHELM MEISTERS WANDERJAHRE. WANDERLIED

•

Es soll sich regen, schaffend handeln, ¶ Erst sich gestalten, dann verwandeln; ¶ Nur scheinbar stehts Momente still. ¶ Das **EWIGE REGT SICH FORT IN ALLEN**; ¶ Denn alles muss in Nichts zerfallen, ¶ Wenn es **IM SEIN BEHARREN WILL.** GEDICHTE. EINS UND ALLES

•

Die Welt ist so leer, wenn man nur Berge, Flüsse und Städte darin denkt, aber hie und da jemand zu wissen, der mit uns übereinstimmt, mit dem wir auch stillschweigend fortleben: Das macht uns **DIESES ERDENRUND** erst zu einem **BEWOHNTEN GARTEN.** WILHELM MEISTERS LEHRJAHRE

•

Dieses ist das Bild der Welt, ¶ Die man für **DIE BESTE** hält: ¶ Fast wie eine Mördergrube, ¶ Fast wie eines Burschen Stube, ¶ Fast so wie ein Opernhaus, ¶ Fast wie ein **MAGISTERSCHMAUS,** ¶ Fast wie Köpfe von Poeten, ¶ Fast wie schöne Raritäten, ¶ Fast wie abgesetztes Geld ¶ **SIEHT SIE AUS, DIE BESTE WELT.** GEDICHTE. NACHLESE

•

Willst du dich **AM GANZEN** erquicken, ¶ so musst du das **GANZE IM KLEINSTEN** erblicken. GOTT, GEMÜT UND WELT

•

Wornach soll man am Ende trachten? ¶ Die **WELT ZU KENNEN** und sie **NICHT VERACHTEN.** ZAHME XENIEN

•

ABER BEDENKE, DASS JEDER MENSCHENKRAFT **IHRE GRENZEN** GEGEBEN SIND. WIE VIEL GEGENSTÄNDE BIST DU IMSTANDE SO ZU FASSEN, DASS SIE AUS DIR **WIEDER NEU HERVORGESCHAFFEN** WERDEN MÖGEN? DAS FRAG DICH, GEH VOM HÄUSLICHEN AUS, UND VERBREITE DICH, SO DU KANNST, **ÜBER ALLE WELT**.

AUS GOETHES BRIEFTASCHE

Es ist nichts so **GROẞ** als das Wahre, und das **KLEINSTE WAHRE** ist groß. AN CHARLOTTE VON STEIN

•

Alles geben Götter, die unendlichen, ¶ **IHREN LIEBLINGEN** ganz, ¶ Alle **FREUDEN**, die unendlichen, ¶ Alle **SCHMERZEN**, die unendlichen, ganz. GEDICHTE. NACHLESE

•

Der Mensch ist als wirklich **IN DIE MITTE EINER WIRKLICHEN WELT** gesetzt und mit solchen Organen begabt, dass er das Wirkliche und nebenbei das Mögliche **ERKENNEN UND HERVORBRINGEN** kann. Alle gesunden Menschen haben die Überzeugung ihres Daseins und eines Daseienden um sie her. MAXIMEN UND REFLEXIONEN. AUS KUNST UND ALTERTUM

•

Das Gute in der Welt **IST VIEL SCHMÄLER GESÄT**, als man denkt; was man hat, muss man halten. AN CHRISTIANE VULPIUS

•

In der Welt kommt's nicht drauf an, dass man die Menschen kenne, sondern dass **MAN IM AUGENBLICK KLÜGER SEI** als der vor uns Stehende. MAXIMEN UND REFLEXIONEN. AUS KUNST UND ALTERTUM

•

Der Glaube ist ein großes **GEFÜHL VON SICHERHEIT** für die Gegenwart und die Zukunft, und diese Sicherheit entspringt aus dem Vertrauen, auf ein übergroßes, übermächtiges, unerforschliches Wesen. Auf die Unerschütterlichkeit dieses Glaubens kommt alles an. DICHTUNG UND WAHRHEIT

•

Die Welt ist ein **SARDELLEN-SALAT**; ¶ Er schmeckt uns früh, er schmeckt uns spat. GEDICHTE. EINS WIE'S ANDERE

•

EIN HERRLICH BUCH DIE WELT, um gescheiter daraus zu werden, wenns nur was hülfe. AN JOHANNA FALMER

•

Wie an dem Tag, ¶ **DER DICH DER WELT VERLIEHEN,** ¶ Die Sonne stand zum Gruße der Planeten, ¶ Bist alsobald und fort und fort gediehen ¶ **NACH DEM GESETZ,** wonach du angetreten. ¶ So musst du sein, dir kannst du nicht entfliehen, ¶ So sagten schon Sibyllen, so Propheten; ¶ Und keine Zeit und keine Macht zerstückelt ¶ Geprägte Form, **DIE LEBEND SICH ENTWICKELT.** GEDICHTE. URWORTE. ORPHISCH

•

Das ganze **WELTWESEN** liegt vor uns wie ein großer **STEINBRUCH** vor dem Baumeister, der nur dann den Namen verdient, wenn er aus diesen zufälligen Naturmassen ein in seinem Geiste entsprungenes Urbild mit der **GRÖßTEN ÖKONOMIE, ZWECKMÄßIGKEIT UND FESTIGKEIT** zusammenstellt. Alles außer uns ist nur Element, ja ich darf wohl sagen, auch alles an uns; aber tief in uns liegt diese **SCHÖPFERISCHE KRAFT**, die das zu erschaffen vermag, was sein soll, und uns nicht ruhen und rasten lässt, bis wir es außer uns oder an uns, auf eine oder die andere Weise, dargestellt haben. WILHELM MEISTERS LEHRJAHRE

•

Wie's aber in der Welt zugeht, ¶ **EIGENTLICH NIEMAND RECHT VERSTEHT**, ¶ Und auch bis auf den heutigen Tag ¶ Niemand gerne verstehen mag. ¶ Gehabe du dich mit Verstand, ¶ Wie dir eben der Tag zur Hand; ¶ Denk immer: **IST'S GEGANGEN BIS JETZT**, ¶ So wird es auch wohl gehen zuletzt. ZAHME XENIEN

•

Und doch ist die Welt nur **EIN EINFACH RAD**, in dem ganzen Umkreise sich gleich und gleich, das uns aber so wunderlich vorkommt, weil wir selbst **MIT HERUMGETRIEBEN** werden. ITALIENISCHE REISE

•

Es bleibt doch endlich nach wie vor ¶ Mit ihren **HUNDERTTAUSEND POSSEN** ¶ Die Welt ein einzig großer Tor. FAUST I

•

JE ÄLTER MAN WIRD, DESTO MEHR VERALLGEMEINERT SICH ALLES, UND WENN DIE WELT NICHT GANZ UND GAR VERSCHWINDEN SOLL, SO MUSS **MAN SICH ZU DENEN HALTEN**, WELCHE SIE AUFZUBAUEN IM STANDE SIND.

AN SCHELLING

Was nicht **VORWÄRTS GEHEN** kann, schreitet zurück.
WINCKELMANN UND SEIN JAHRHUNDERT

•

Lass der Sonne Glanz verschwinden, ¶ Wenn es in der Seele tagt: ¶ Wir im eignen Herzen finden, ¶ Was die **GANZE WELT VERSAGT.** FAUST II

•

Die ganze Welt ist **VOLL ARMER TEUFEL,** denen mehr oder weniger – angst ist. GESPRÄCHE MIT RIEMER

•

In die Welt hinaus! ¶ Außer dem Haus ¶ Ist immer das beste Leben; ¶ Wem's zu Hause gefällt, ¶ Ist nicht für die Welt – ¶ Mag er leben! ZAHME XENIEN

•

Die Zeit ist unendlich lang und **EIN JEDER TAG EIN GEFÄẞ,** in das sich sehr viel eingießen lässt, wenn man es wirklich ausfüllen will. DICHTUNG UND WAHRHEIT

•

ZWEI SEELEN wohnen, ach! in meiner Brust, ¶ Die eine will sich von der andern trennen: ¶ **DIE EINE** hält in derber Liebeslust ¶ Sich an die Welt mit klammernden Organen; ¶ **DIE ANDRE** hebt gewaltsam sich vom Dust ¶ Zu den Gefilden hoher Ahnen. FAUST I

•

Die Natur versteht gar keinen Spaß, sie ist immer **WAHR,** immer **ERNST,** immer **STRENGE;** sie hat immer recht, und die Fehler und Irrtümer sind immer des Menschen. GESPRÄCHE MIT ECKERMANN

•

Es gibt in der Natur ein **ZUGÄNGLICHES UND UNZUGÄNGLICHES.** Dieses unterscheide und bedenke man wohl und habe Respekt. GESPRÄCHE MIT ECKERMANN

•

Das **KALTE** wird warm, ¶ Der **REICHE** wird arm, ¶ Der **NARRE** gescheit: ¶ **ALLES ZU SEINER ZEIT.** AUF DEM RHEIN

•

Die Natur schafft ewig neue Gestalten; was da ist, war noch nie, was da war – kommt nicht wieder – **ALLES IST NEU UND DOCH IMMER DAS ALTE.** ERLÄUTERUNG ZU DEM APHORISTISCHEN AUFSATZ: DIE NATUR

•

Auf des Glückes großer Waage ¶ steht die Zunge selten ein: ¶ Du musst **STEIGEN ODER SINKEN,** ¶ Du musst herrschen und gewinnen ¶ Oder dienen und verlieren, ¶ Leiden oder triumphieren, ¶ **AMBOSS** oder **HAMMER** sein. GEDICHTE. KOPHTISCHES LIED

•

Es ist, als wenn die Welt nur für die **GROBEN UND IMPERTINENTEN** da wäre, und die Ruhigen und Vernünftigen sich nur ein Plätzchen um Gottes willen erbitten müssten. AN CARL WITZEL

•

Die Natur Gottes, die Unsterblichkeit, **DAS WESEN UNSERER SEELE UND IHR ZUSAMMENHANG MIT DEM KÖRPER** sind ewige Probleme, worin uns die Philosophen nicht weiter bringen. GESPRÄCHE MIT ECKERMANN

•

Ein kleiner Ring ¶ **BEGRENZT UNSER LEBEN,** ¶ Und viele Geschlechter ¶ Reihen sich dauernd ¶ In ihres Daseins ¶ **UNENDLICHE** Kette. VERMISCHTE GEDICHTE. GRENZEN DER MENSCHHEIT

•

Die Natur hat manches **UNBEQUEME** zwischen ihre schönsten Gaben ausgestreut. CAMPAGNE IN FRANKREICH

•

Es bildet ein Talent sich in der Stille, ¶ Sich ein Charakter **IN DEM STROM DER WELT.** TORQUATO TASSO

•

MAN SCHLIEßE DAS AUGE, MAN ÖFFNE, MAN SCHÄRFE DAS OHR, **UND VOM LEISESTEN HAUCH BIS ZUM WILDESTEN GERÄUSCH**, VOM EINFACHSTEN KLANG BIS ZUR HÖCHSTEN ZUSAMMENSTIMMUNG, VON DEM HEFTIGSTEN, LEIDENSCHAFTLICHEN SCHREI **BIS ZUM SANFTESTEN WORTE DER VERNUNFT** IST ES NUR DIE NATUR, DIE SPRICHT,

IHR DASEIN, IHRE KRAFT, IHR LEBEN UND IHRE VERHÄLTNISSE OFFENBART, SO DASS EIN BLINDER, DEM DAS UNENDLICH SICHTBARE VERSAGT IST, IM HÖRBAREN EIN UNENDLICH LEBENDIGES FASSEN KANN.

ZUR FARBENLEHRE

»ZWAR WEIß ICH VIEL, DOCH MÖCHT ICH ALLES WISSEN«

Alles **IST EINFACHER,** als man denken kann, **ZUGLEICH VERSCHRÄNKTER,** als zu begreifen ist. MAXIMEN UND REFLEXIONEN. ÜBER NATUR UND NATURWISSENSCHAFT

•

Einseitige Bildung ist **KEINE BILDUNG.** Man muss zwar von einem Punkte aus-, aber nach mehreren Seiten hingehen. Es mag gleichviel sein, ob man seine Bildung von der **MATHEMATISCHEN ODER PHILOSOPHISCHEN ODER KÜNSTLERISCHEN** her hat. GESPRÄCHE MIT RIEMER

•

Das schönste Glück des denkenden Menschen ist, **DAS ERFORSCHLICHE** erforscht zu haben und **DAS UNERFORSCHLICHE** zu verehren. MAXIMEN UND REFLEXIONEN. ÜBER NATUR UND NATURWISSENSCHAFT

•

Der Mensch ist nicht geboren, die **PROBLEME DER WELT ZU LÖSEN,** wohl aber zu suchen, wo das Problem angeht, und sich sodann in der Grenze des Begreiflichen zu halten. GESPRÄCHE MIT ECKERMANN

•

Dass ich nicht mehr mit saurem Schweiß ¶ Zu sagen brauche, **WAS ICH NICHT WEIß;** ¶ Dass ich erkenne, was die **WELT ¶ IM INNERSTEN ZUSAMMENHÄLT,** ¶ Schau alle Wirkenskraft und Samen, ¶ Und tu nicht mehr in Worten kramen. FAUST I

•

Auch in Wissenschaften kann man eigentlich **NICHTS WISSEN**, es will immer **GETAN** sein. MAXIMEN UND REFLEXIONEN. AUS DEN HEFTEN ZUR MORPHOLOGIE

•

Ist denn die Welt nicht schon **VOLLER RÄTSEL GENUG**, dass man die einfachsten Erscheinungen auch noch zu Rätseln machen soll? MAXIMEN UND REFLEXIONEN. AUS KUNST UND ALTERTUM

•

Benutze redlich deine Zeit! ¶ Willst **WAS BEGREIFEN**, such's nicht weit. GEDICHTE. SPRICHWÖRTLICH

•

Mit Eifer hab ich mich der Studien beflissen; ¶ Zwar weiß ich **VIEL**, doch möcht ich **ALLES** wissen. FAUST I

•

Eigentlich weiß man nur, wenn man wenig weiß. **MIT DEM WISSEN** wächst der Zweifel. MAXIMEN UND REFLEXIONEN. AUS KUNST UND ALTERTUM

•

Beim Übergang **VON DER ERFAHRUNG ZUM URTEIL, VON DER ERKENNTNIS ZUR ANWENDUNG** ist es, wo dem Menschen gleichsam wie an einem Passe alle seine inneren Feinde auflauern. DER VERSUCH ALS VERMITTLER VON OBJEKT UND SUBJEKT

•

Denn ein **VOLLKOMMNER WIDERSPRUCH** ¶ Bleibt gleich geheimnisvoll für Kluge wie für Toren. FAUST I

•

Alles Abstrakte wird **DURCH ANWENDUNG** dem Menschenverstand genähert, und so gelangt der Menschenverstand **DURCH HANDELN UND BEOBACHTEN** zur Abstraktion. MAXIMEN UND REFLEXIONEN. AUS WILHELM MEISTERS WANDERJAHREN

•

Die Schwierigkeit, **IDEE UND ERFAHRUNG MITEINANDER ZU VERBINDEN,** erscheint sehr hinderlich bei aller Naturforschung: die Idee ist unabhängig von Raum und Zeit, die Naturforschung ist in Raum und Zeit beschränkt; daher ist in der Idee Simultanes und Sukzessives innigst verbunden, auf dem Standpunkt der Erfahrung hingegen immer getrennt, und eine Naturwirkung die wir der Idee gemäß als simultan und sukzessiv zugleich denken sollen, scheint uns in eine Art Wahnsinn zu versetzen. BEDENKEN UND ERGEBUNG

•

Alle **EMPIRIKER** streben nach der Idee und können sie **IN DER MANNIGFALTIGKEIT** nicht entdecken; alle **THEORETIKER** suchen sie im Mannigfaltigen und können sie darinne nicht auffinden. Beide jedoch finden sich im Leben, in der Tat, **IN DER KUNST ZUSAMMEN,** und das ist so oft gesagt; wenige aber verstehen, es zu nutzen. MAXIMEN UND REFLEXIONEN. ÜBER LITERATUR UND LEBEN

•

Denn eben wo Begriffe fehlen, ¶ Da stellt **EIN WORT** zur rechten Zeit sich ein. ¶ Mit Worten lässt sich trefflich streiten, ¶ Mit Worten **EIN SYSTEM BEREITEN,** ¶ An Worte lässt sich trefflich glauben, ¶ Von einem Wort lässt sich kein Iota rauben. FAUST I

•

Müsset im Naturbetrachten ¶ Immer eins wie alles achten: ¶ Nichts ist **DRINNEN,** nichts ist **DRAUßEN;** ¶ Denn was **INNEN,** das ist **AUßEN.** GEDICHTE. EPIRRHEMA

•

Anstatt verständig zu belehren und ruhig einzuwirken, streut man willkürlich **SAMEN UND UNKRAUT ZUGLEICH** nach allen Seiten; kein Mittelpunkt, auf den hingeschaut werde, ist mehr gegeben; jeder Einzelne tritt als Lehrer und Führer hervor und gibt seine **VOLLKOMMENE TORHEIT FÜR EIN VOLLENDETES GANZE.** GEISTESEPOCHEN

•

ES HÖRT DOCH JEDER NUR, was er versteht. MAXIMEN UND REFLEXIONEN. ÜBER LITERATUR UND LEBEN

•

Lessing, der mancherlei Beschränkung unwillig fühlte, lässt eine seiner Personen sagen: Niemand muss müssen. Ein geistreicher frohgesinnter Mann sagte: Wer **WILL,** der muss. Ein dritter, freilich ein Gebildeter, fügte hinzu: Wer **EINSIEHT,** der will auch. Und so glaubte man den ganzen Kreis des Erkennens, Wollens und Müssens abgeschlossen zu haben. Aber im Durchschnitt **BESTIMMT DIE ERKENNTNIS DES MENSCHEN,** von welcher Art sie auch sei, sein Tun und Lassen; deswegen auch nichts schrecklicher ist, als die Unwissenheit handeln zu sehen. MAXIMEN UND REFLEXIONEN. AUS WILHELM MEISTERS WANDERJAHREN

•

Bei Erweiterung des Wissens macht sich von Zeit zu Zeit **EINE UMORDNUNG** nötig; sie geschieht meistens nach neueren Maximen, bleibt aber immer provisorisch. MAXIMEN UND REFLEXIONEN. ÜBER NATUR UND NATURWISSENSCHAFT

•

Glaube ist Liebe zum Unsichtbaren, **VERTRAUEN AUFS UNMÖGLICHE,** Unwahrscheinliche. MAXIMEN UND REFLEXIONEN. ÜBER LITERATUR UND LEBEN

•

Das **GEFÄHRLICHSTE ALLER BÜCHER** in weltgeschichtlicher Hinsicht, wenn durchaus einmal von Gefährlichkeit die Rede sein sollte, ist doch wohl unstreitig die Bibel, weil wohl leicht kein anderes Buch **SO VIEL GUTES UND BÖSES** im Menschengeschlechte zur Entwicklung gebracht hat. GESPRÄCHE MIT JOHANN DANIEL FALK

•

Liegt dir **GESTERN** klar und offen, ¶ Wirkst du **HEUTE** kräftig frei, ¶ Kannst auch auf ein **MORGEN** hoffen, ¶ Das nicht minder glücklich sei. ZAHME XENIEN

•

ICH BIN ÜBERZEUGT, DASS DIE BIBEL IMMER SCHÖNER WIRD, JE MEHR MAN SIE VERSTEHT, DAS HEIẞT, JE MEHR MAN EINSIEHT UND ANSCHAUT, DASS JEDES WORT, DAS WIR **ALLGEMEIN AUFFASSEN** UND IM BESONDERN **AUF UNS ANWENDEN**, NACH GEWISSEN UMSTÄNDEN, NACH ZEIT- UND ORTSVERHÄLTNISSEN EINEN EIGENEN, BESONDERN, UNMITTELBAR INDIVIDUELLEN BEZUG GEHABT HAT.

MAXIMEN UND REFLEXIONEN. AUS WILHELM MEISTERS WANDERJAHREN

Es ist ganz einerlei, in welchem Kreise wir **UNSERE KULTUR** beginnen, es ist ganz gleichgültig, von wo aus wir **UNSERE BILDUNG** ins fernere Leben richten, wenn es nur ein Kreis, wenn es nur ein Wo ist. AN CARL ERNST SCHUBARTH

•

O glücklich, wer noch hoffen kann, ¶ Aus diesem **MEER DES IRRTUMS** aufzutauchen! ¶ Was man nicht weiß, das eben brauchte man, ¶ Und was man weiß, kann man nicht brauchen. FAUST I

•

Das **EINFACHE** durch das **ZUSAMMENGESETZTE**, das Leichte durch das Schwierige erklären zu wollen, **IST EIN UNHEIL**, das in dem ganzen Körper der Wissenschaft verteilt ist. WILHELM MEISTERS WANDERJAHRE

•

Das ist ein Hauptfehler gebildeter Menschen, dass sie alles **AN EINE IDEE**, wenig oder nichts **AN EINEN GEGENSTAND** wenden mögen. WILHELM MEISTERS LEHRJAHRE

•

Das Wissen beruht auf der **KENNTNIS DES ZU UNTERSCHEIDENDEN**, die Wissenschaft auf der Anerkennung des nicht zu Unterscheidenden. Das Wissen wird durch das **GEWAHRWERDEN SEINER LÜCKEN**, durch das Gefühl seiner Mängel zur Wissenschaft geführt, welche vor, mit und nach allem Wissen besteht. MAXIMEN UND REFLEXIONEN. ÜBER NATUR UND NATURWISSENSCHAFT

•

Jeder glaubt, er müsse es doch selber am besten wissen, und dabei **GEHT MANCHER VERLOREN**, und mancher hat lange daran zu irren. GESPRÄCHE MIT ECKERMANN

•

Briefe gehören unter **DIE WICHTIGSTEN DENKMÄLER**, die der einzelne Mensch hinterlassen kann. Der Brief ist eine Art Selbstgespräch. WINCKELMANN UND SEIN JAHRHUNDERT

•

Wer sich vor der Idee **SCHEUT**, hat auch zuletzt den Begriff nicht mehr. MAXIMEN UND REFLEXIONEN. AUS KUNST UND ALTERTUM

•

Zur **ÜBERZEUGUNG** kann man zurückkehren, aber nicht zum **GLAUBEN.** DICHTUNG UND WAHRHEIT

•

Die Mathematiker sind eine Art Franzosen: redet man zu ihnen, so **ÜBERSETZEN SIE ES IN IHRE SPRACHE**, und dann ist es alsobald ganz etwas anders. MAXIMEN UND REFLEXIONEN. ÜBER NATUR UND NATURWISSENSCHAFT

•

Der Irrtum ist viel leichter zu erkennen, als **DIE WAHRHEIT ZU FINDEN;** jener liegt auf der Oberfläche, damit lässt sich wohl fertig werden; diese ruht in der Tiefe, danach zu forschen ist nicht jedermanns Sache. MAXIMEN UND REFLEXIONEN. AUS KUNST UND ALTERTUM

•

Eine eklektische Philosophie kann es nicht geben, wohl aber **EKLEKTISCHE PHILOSOPHEN.** MAXIMEN UND REFLEXIONEN. AUS WILHELM MEISTERS WANDERJAHREN

•

Getretner **QUARK** ¶ Wird breit, nicht stark. WEST-ÖSTLICHER DIVAN. BUCH DER SPRÜCHE

•

Was ich einmal für recht erkenne, möcht ich **AUCH GLEICH GETAN** sehn. Das Leben ist so kurz, und das Gute wirkt so langsam. DIE AUFGEREGTEN

•

Innerhalb einer Epoche gibt es **KEINEN STANDPUNKT,** eine Epoche zu betrachten. MAXIMEN UND REFLEXIONEN. ÜBER LITERATUR UND LEBEN

•

Ein Unterschied, der dem **VERSTAND NICHTS GIBT,** ist kein Unterschied. MAXIMEN UND REFLEXIONEN. AUS KUNST UND ALTERTUM

•

DAS HÖCHSTE, WOZU DER MENSCH GELANGEN KANN, IST **DAS BEWUSSTSEIN EIGENER GESINNUNGEN UND GEDANKEN**, DAS ERKENNEN SEINER SELBST, WELCHES IHM DIE EINLEITUNG GIBT, AUCH **FREMDE** GEMÜTSARTEN INNIG ZU ERKENNEN.

SHAKESPEARE UND KEIN ENDE!

Der **GEIST DES WIDERSPRUCHS** und die Lust zum Paradoxen steckt in uns allen. DICHTUNG UND WAHRHEIT

•

Es gibt Menschen, **DIE GAR NICHT IRREN,** weil sie sich nichts Vernünftiges vorsetzen. MAXIMEN UND REFLEXIONEN. AUS KUNST UND ALTERTUM

•

Der Mensch ist nicht eher **GLÜCKLICH,** als bis sein unbedingtes Streben sich **SELBST SEINE BEGRENZUNG** bestimmt. WILHELM MEISTERS LEHRJAHRE

•

Wenn ein paar Menschen recht **MITEINANDER ZUFRIEDEN** sind, kann man meistens versichert sein, **DASS SIE SICH IRREN.** MAXIMEN UND REFLEXIONEN. ÜBER LITERATUR UND LEBEN

•

Ihren Unterricht in der Philosophie beginnen die **MOHAMMEDANER** mit der Lehre, dass nichts existiere, **WOVON SICH NICHT DAS GEGENTEIL SAGEN LASSE;** und so üben sie den Geist der Jugend, indem sie ihre Aufgaben darin bestehen lassen, von jeder aufgestellten Behauptung die entgegengesetzte Meinung zu finden und auszusprechen, woraus eine große **GEWANDTHEIT IM DENKEN UND REDEN** hervorgehen muss. Nun aber, nachdem von jedem aufgestellten Satze das Gegenteil behauptet worden, **ENTSTEHT DER ZWEIFEL,** welches denn von beiden das eigentlich Wahre sei. Im Zweifel aber ist kein Verharren, sondern er treibt den Geist zu näherer Untersuchung und Prüfung, woraus denn, wenn diese auf eine vollkommene Weise geschieht, **DIE GEWISSHEIT HERVORGEHT.** GESPRÄCHE MIT ECKERMANN

•

Freiheit ist nichts als die Möglichkeit, unter allen Bedingungen **DAS VERNÜNFTIGE** zu tun. GESPRÄCHE MIT FRIEDRICH VON MÜLLER

•

Wir mögen noch so geneigt sein, **AUF ZWEIFEL UND WIDERSPRUCH ZU HÖREN,** so ist es doch unserer Natur gar zu gemäß, dasjenige begierig zu ergreifen, was mit unserer Vorstellungsart überein kommt. AN GEORG CHRISTOPH LICHTENBERG

•

Es ist nicht genug **ZU WISSEN**, man muss **AUCH ANWENDEN;** es ist nicht genug **ZU WOLLEN**, man muss **AUCH TUN.** MAXIMEN UND REFLEXIONEN. AUS WILHELM MEISTERS WANDERJAHREN

•

Die beiden größten **MENSCHLICHEN FEHLER:** Versäumen und Übereilen. AN CARL FRIEDRICH ZELTER

•

Wer aus großen Absichten **FEHLGREIFT,** handelt immer lobenswürdiger, als wer dasjenige tut, was nur kleinen Absichten gemäß ist. Man kann auf dem **RECHTEN WEGE IRREN** und auf dem **FALSCHEN RECHT GEHEN.** DIE AUFGEREGTEN

•

Habe nun, ach! Philosophie, ¶ Juristerei und Medizin, ¶ Und **LEIDER** auch Theologie ¶ Durchaus studiert, mit **HEIßEM BEMÜHN.** ¶ Da steh ich nun, ich armer Tor! ¶ Und **BIN SO KLUG ALS WIE ZUVOR;** ¶ Heiße Magister, heiße Doktor gar ¶ Und ziehe schon an die zehen Jahr ¶ Herauf, herab und quer und krumm ¶ Meine Schüler an der Nase herum – ¶ Und sehe, **DASS WIR NICHTS WISSEN KÖNNEN!** ¶ Das will mir schier das Herz verbrennen. ¶ Zwar bin ich gescheiter als all die Laffen, ¶ Doktoren, Magister, Schreiber und Pfaffen; ¶ Mich plagen keine Skrupel noch Zweifel, ¶ Fürchte mich weder vor Hölle noch Teufel – ¶ Dafür ist mir auch alle Freud entrissen, ¶ Bilde mir nicht ein, **WAS RECHTS ZU WISSEN,** ¶ Bilde mir nicht ein, ich könnte was lehren, ¶ Die Menschen zu bessern und zu bekehren. FAUST I

•

Der Sprache liegt zwar die Verstandes- und Vernunftsfähigkeit des Menschen zum Grunde, aber sie setzt bei dem, der sich ihrer bedient, nicht eben **REINEN VERSTAND, AUSGEBILDETE VERNUNFT, REDLICHEN WILLEN** voraus. Sie ist ein **WERKZEUG,** zweckmäßig und willkürlich zu gebrauchen; man kann sie ebensogut zu einer spitzfindig-verwirrenden Dialektik wie zu einer verworren-verdüsternden Mystik verwenden. MAXIMEN UND REFLEXIONEN. ÜBER NATUR UND NATURWISSENSCHAFT

•

Alles, was uns begegnet, **LÄSST SPUREN ZURÜCK,** alles trägt unmerklich zu unserer Bildung bei; doch es ist gefährlich, sich davon Rechenschaft geben zu wollen. Wir werden dabei entweder **STOLZ UND LÄSSIG ODER NIEDERGESCHLAGEN UND KLEINMÜTIG.** WILHELM MEISTERS LEHRJAHRE

•

Man studiere nicht die Mitgeborenen und Mitstrebenden, sondern **GROSSE MENSCHEN DER VORZEIT,** deren Werke seit Jahrhunderten gleichen Wert und gleiches Ansehen behalten haben. GESPRÄCHE MIT ECKERMANN

•

Es kommt nur immer darauf an, dass derjenige, **VON DEM WIR LERNEN WOLLEN,** unserer Natur gemäß sei. GESPRÄCHE MIT ECKERMANN

•

Wie **FRUCHTBAR** ist der kleinste Kreis, ¶ Wenn man ihn wohl zu pflegen weiß. ZAHME XENIEN

•

Was man **NICHT BESPRICHT,** bedenkt man nicht recht. WILHELM MEISTERS LEHRJAHRE

•

Wir behalten von unsern Studien am Ende doch nur das, was wir **PRAKTISCH** anwenden. GESPRÄCHE MIT ECKERMANN

•

Wenn **WEISE MÄNNER NICHT IRRTEN,** müssten die Narren verzweifeln. MAXIMEN UND REFLEXIONEN. ÜBER LITERATUR UND LEBEN

•

Was man **NICHT** versteht, besitzt man nicht. MAXIMEN UND REFLEXIONEN. AUS KUNST UND ALTERTUM

•

Vom Nützlichen durchs Wahre **ZUM SCHÖNEN.** WILHELM MEISTERS WANDERJAHRE

•

Es **IRRT DER MENSCH,** solang er strebt. FAUST I

•

Der geringste Mensch kann komplett sein, wenn er sich innerhalb **DER GRENZEN SEINER FÄHIGKEITEN UND FERTIGKEITEN** bewegt. MAXIMEN UND REFLEXIONEN. AUS WILHELM MEISTERS WANDERJAHREN

•

Es ist mit **MEINUNGEN,** die man wagt, wie mit Steinen, die man voran im Brette bewegt: Sie können geschlagen werden, aber sie haben **EIN SPIEL EINGELEITET,** das gewonnen wird. MAXIMEN UND REFLEXIONEN. AUS KUNST UND ALTERTUM

•

Es ist **NICHTS SCHRECKLICHER** als eine tätige Unwissenheit. MAXIMEN UND REFLEXIONEN. AUS KUNST UND ALTERTUM

•

DAS HÖCHSTE, wozu der Mensch gelangen kann, ist das Erstaunen. GESPRÄCHE MIT ECKERMANN

•

Was ich weiß, kann **JEDER** wissen – mein Herz habe ich allein. DIE LEIDEN DES JUNGEN WERTHER

•

MAN TUT IMMER BESSER, DASS MAN SICH GRAD AUSSPRICHT, **WIE MAN DENKT**, OHNE VIEL BEWEISEN ZU WOLLEN; DENN **ALLE BEWEISE**, DIE WIR VORBRINGEN, SIND DOCH NUR **VARIATIONEN UNSERER MEINUNGEN**, UND DIE WIDRIGGESINNTEN HÖREN WEDER AUF DAS EINE NOCH AUF DAS ANDERE.

MAXIMEN UND REFLEXIONEN. AUS WILHELM MEISTERS WANDERJAHREN

»WELCHE REGIERUNG DIE BESTE SEI?«

Ich hasse alle Pfuscherei wie die Sünde, besonders aber die **PFUSCHEREI IN STAATSANGELEGENHEITEN,** woraus für Tausende und Millionen nichts als Unheil hervorgeht. GESPRÄCHE MIT ECKERMANN

•

In der Gesellschaft sind alle gleich. Es kann keine Gesellschaft anders **ALS AUF DEN BEGRIFF DER GLEICHHEIT GEGRÜNDET** sein, keineswegs aber auf den Begriff **DER FREIHEIT.** Die Gleichheit will ich in der Gesellschaft finden; die Freiheit, nämlich die sittliche, dass ich mich subordinieren mag, bringe ich mit. MAXIMEN UND REFLEXIONEN. ÜBER LITERATUR UND LEBEN

•

Alle Gesetze sind Versuche, sich den Absichten der moralischen **WELTORDNUNG IM WELT- UND LEBENSLAUFE** zu nähern. Es ist besser, es geschehe dir Unrecht, als die Welt sei ohne Gesetz. Deshalb füge sich jeder dem Gesetze.
MAXIMEN UND REFLEXIONEN. ÜBER LITERATUR UND LEBEN

•

Sie streiten sich, so heißt's, **UM FREIHEITSRECHTE;** ¶ Genau besehn, sind's Knechte gegen Knechte. FAUST II

•

Der höchste Zweck der Gesellschaft ist **KONSEQUENZ DER VORTEILE**, jedem gesichert. Jeder einzelne Vernünftige opfert schon der Konsequenz vieles auf, geschweige die Gesellschaft. Über diese Konsequenz geht fast der momentane Vorteil der Glieder zugrunde. MAXIMEN UND REFLEXIONEN. ÜBER LITERATUR UND LEBEN

•

Die Menschen werfen sich im Politischen wie auf dem Krankenlager **VON EINER SEITE ZUR ANDERN,** in der Meinung, besser zu liegen. GESPRÄCHE MIT FRIEDRICH VON MÜLLER

•

Nichts ist widerwärtiger als **DIE MAJORITÄT;** denn sie besteht aus **WENIGEN KRÄFTIGEN VORGÄNGERN,** aus Schelmen, die sich akkommodieren, aus Schwachen, die sich assimilieren, und **DER MASSE,** die nachtrollt, ohne nur im mindesten zu wissen, was sie will. MAXIMEN UND REFLEXIONEN. AUS WILHELM MEISTERS WANDERJAHREN

•

Auch war ich vollkommen überzeugt, dass irgendeine große Revolution **NIE SCHULD DES VOLKES IST,** sondern der Regierung. **REVOLUTIONEN SIND GANZ UNMÖGLICH,** sobald die Regierungen fortwährend gerecht und fortwährend wach sind, so dass sie ihnen durch zeitgemäße Verbesserungen entgegenkommen. MAXIMEN UND REFLEXIONEN. ÜBER LITERATUR UND LEBEN

•

Gesetzgeber oder Revolutionärs, die **GLEICHSINN UND FREIHEIT ZUGLEICH** versprechen, sind Phantasten oder Scharlatans. MAXIMEN UND REFLEXIONEN. ÜBER LITERATUR UND LEBEN

•

Es erben sich **GESETZ' UND RECHTE** ¶ Wie eine ew'ge Krankheit fort, ¶ Sie schleppen **VON GESCHLECHT SICH ZUM GESCHLECHTE** ¶ Und rücken sacht von Ort zu Ort. ¶ Vernunft wird Unsinn, Wohltat Plage; ¶ **WEH DIR, DASS DU EIN ENKEL BIST!** ¶ Vom Rechte, das mit uns geboren ist, ¶ Von dem ist leider! nie die Frage. FAUST I

•

Wess' Brot ich esse, dess' Lied ich sing. Die Herren **ESSEN DAS BROT DER PRESSFREIHEIT,** kein Wunder, dass sie ihr zu Ehren die heftigsten Hymnen singen. AN CHRISTIAN GOTTLOB VOIGT

•

Diesem Amboss vergleich ich das **LAND,** den Hammer dem **HERRSCHER,** ¶ Und dem **VOLKE** das Blech, das in der Mitte sich krümmt. ¶ **WEHE DEM ARMEN BLECH!** wenn nur willkürliche Schläge ¶ Ungewiss treffen und nie fertig der Kessel erscheint. VENEZIANISCHE EPIGRAMME

•

Ich weiß wohl, dass Politik selten **TREU UND GLAUBEN** halten kann, dass sie Offenheit, Gutherzigkeit, Nachgiebigkeit aus unsern Herzen ausschließt. EGMONT

•

Es ist der **CHARAKTER DER DEUTSCHEN,** dass sie über allem schwer werden, dass alles über ihnen schwer wird. WILHELM MEISTERS LEHRJAHRE

•

Ach, es versucht uns nichts so mächtig als der **MANGEL;** ¶ Die **KLÜGSTEN FISCHE** treibt der Hunger an die Angel. DIE MITSCHULDIGEN

•

Es ist ein einförmiges Ding um **DAS MENSCHENGESCHLECHT.** Die meisten verarbeiten den größten Teil der Zeit, um zu leben, und das bisschen, das ihnen von Freiheit übrig bleibt, ängstigt sie so, dass sie alle Mittel aufsuchen, um es los zu werden. DIE LEIDEN DES JUNGEN WERTHER

•

Aller Zustand **IST GUT,** der natürlich ist und vernünftig. HERMANN UND DOROTHEA

•

Der **PATRIOTISMUS** verdirbt die Geschichte. GESPRÄCHE MIT RIEMER

•

Geschichte schreiben ist eine Art, sich **DAS VERGANGENE VOM HALSE** zu schaffen. MAXIMEN UND REFLEXIONEN. AUS KUNST UND ALTERTUM

•

DIE **REDEKUNST** IST ANGEWIESEN AUF ALLE VORTEILE DER POESIE, AUF ALLE IHRE RECHTE; SIE BEMÄCHTIGT SICH DERSELBEN UND MISSBRAUCHT SIE, UM GEWISSE ÄUßERE, SITTLICHE ODER UNSITTLICHE, **AUGENBLICKLICHE VORTEILE IM BÜRGERLICHEN LEBEN** ZU ERREICHEN.

MAXIMEN UND REFLEXIONEN. AUS WILHELM MEISTERS WANDERJAHREN

Die christliche Religion ist eine **INTENTIONIERTE POLITISCHE REVOLUTION,** die, verfehlt, nachher **MORALISCH** geworden ist. MAXIMEN UND REFLEXIONEN. ÜBER LITERATUR UND LEBEN

•

Die Kirche **SCHWÄCHT ALLES,** was sie anrührt. MAXIMEN UND REFLEXIONEN. ÜBER LITERATUR UND LEBEN

•

FRÖMMIGKEIT verbindet sehr; ¶ Aber **GOTTLOSIGKEIT** noch viel mehr. ZAHME XENIEN

•

Welche **WONNE IST ES ZU DENKEN,** dass der Türke, der mich für einen Hund, und der Jude, der mich für ein Schwein hält, sich einst freuen werden, **MEINE BRÜDER** zu sein. BRIEF DES PASTORS ZU *** AN DEN NEUEN PASTOR ZU ***

•

Es wird einem **NICHTS ERLAUBT.** Man muss es nur **SICH SELBER ERLAUBEN;** dann lassen sich's die andern gefallen oder nicht. GESPRÄCHE MIT RIEMER

•

Welche **REGIERUNG** die beste sei? Diejenige, die uns lehrt, **UNS SELBST** zu regieren. MAXIMEN UND REFLEXIONEN. AUS KUNST UND ALTERTUM

•

Vor der Revolution war alles **BESTREBEN;** nachher verwandelte sich alles in **FORDERUNG.** MAXIMEN UND REFLEXIONEN. ÜBER LITERATUR UND LEBEN

•

Wo wir uns bilden, da ist **UNSER VATERLAND.** PROLOG ZU »WAS WIR BRINGEN« IN WEIMAR

•

Man schilt mit gleichem Recht auf **ANARCHIE UND TYRANNEI;** wo ist denn aber der wünschenswerte Mittelzustand? Der vernünftige Mensch sucht ihn in seinem Kreise hervorzubringen, und da gelingt es ihm kaum. TISCHREDEN

•

Freilich ist's auch kein Vorteil für die Herde, wenn der **SCHÄFER EIN SCHAF** ist. BRIEF DES PASTORS ZU *** AN DEN NEUEN PASTOR ZU ***

•

Unzeitige **GEBOTE,** unzeitige **STRAFEN** bringen erst das Übel hervor. DER BÜRGERGENERAL

•

DEUTSCHLAND IST NICHTS, aber jeder einzelne Deutsche ist viel, und doch bilden sich letztere gerade **DAS UMGEKEHRTE** ein. Verpflanzt und zerstreut wie die Juden in alle Welt müssen die Deutschen werden, um die Masse des Guten ganz und **ZUM HEILE ALLER NATIONEN** zu entwickeln, das in ihnen liegt. GESPRÄCHE MIT FRIEDRICH VON MÜLLER

•

ALLEIN kann der Mensch nicht wohl bestehen, daher schlägt er sich gern **ZU EINER PARTEI,** weil er da, wenn auch nicht Ruhe, doch Beruhigung und Sicherheit findet. MAXIMEN UND REFLEXIONEN. AUS DEN HEFTEN ZUR NATURWISSENSCHAFT

•

Autorität: Ohne sie kann der Mensch **NICHT EXISTIEREN,** und doch bringt sie ebensoviel Irrtum als Wahrheit mit sich. Sie verewigt im Einzelnen, **WAS EINZELN VORÜBERGEHEN SOLLTE,** lehnt ab und lässt vorübergehen, **WAS FESTGEHALTEN WERDEN SOLLTE,** und ist hauptsächlich Ursache, dass die Menschheit nicht vom Flecke kommt. MAXIMEN UND REFLEXIONEN. ÜBER NATUR UND NATURWISSENSCHAFT

•

HERRSCHEN lernt sich leicht, regieren schwer. MAXIMEN UND REFLEXIONEN. ÜBER LITERATUR UND LEBEN

•

Wollt ihr **MACHT?** Der Mächt'ge hat sie. ¶ Wollt ihr **REICHTUM?** Zugegriffen! ¶ **GLANZ?** Behängt euch! **EINFLUSS?** Schleicht nur! ¶ Hoffe niemand solche Güter; ¶ Wer sie will, **ERGREIFE SIE.** PANDORA

•

Alle **FREIHEITSAPOSTEL,** sie waren mir immer zuwider. ¶ Willkür suchte doch nur jeder am Ende für sich. ¶ Willst du viele befrein, so wag es, vielen zu dienen! VENEZIANISCHE EPIGRAMME

•

Republiken hab ich gesehen, und das ist die beste, ¶ Die dem regierenden Teil **LASTEN, NICHT VORTEIL** gewährt. GEDICHTE. VIER JAHRESZEITEN

•

Ich bin in Staatsgeschäften alt genug geworden, um zu wissen, **WIE MAN EINEN VERDRÄNGT,** ohne ihm seine Bestallung zu nehmen. EGMONT

•

Direkt und grob seine Meinung herauszusagen, mag nur entschuldigt werden können und gut sein, wenn man durchaus recht hat; eine **PARTEI ABER HAT NICHT DURCHAUS RECHT,** eben weil sie Partei ist. GESPRÄCHE MIT ECKERMANN

•

Das Wort **FREIHEIT KLINGT SO SCHÖN,** dass man es nicht entbehren könnte, und wenn es einen **IRRTUM** bezeichnete. DICHTUNG UND WAHRHEIT

•

TOLERANZ sollte eigentlich nur eine vorübergehende Gesinnung sein: Sie muss **ZUR ANERKENNUNG FÜHREN.** Dulden heißt beleidigen. MAXIMEN UND REFLEXIONEN. ÜBER LITERATUR UND LEBEN

•

Ich weiß wohl, dass **POLITIK** selten Treu und Glauben halten kann, dass sie **OFFENHEIT, GUTHERZIGKEIT, NACHGIEBIGKEIT** aus unseren Herzen ausschließt. EGMONT

•

Der **VATER** sorge für sein Haus, der **HANDWERKER** für seine Kunden, der **GEISTLICHE** für gegenseitige Liebe, und die **POLIZEI** störe die Freude nicht! GESPRÄCHE MIT ECKERMANN

•

»WENN DIR'S IN KOPF UND HERZEN SCHWIRRT …«

Freudvoll ¶ Und leidvoll, ¶ Gedankenvoll sein, ¶ Langen ¶ Und bangen ¶ In **SCHWEBENDER** Pein, ¶ Himmelhoch jauchzend, ¶ Zum Tode betrübt – ¶ **GLÜCKLICH ALLEIN** ¶ Ist die Seele, die liebt. EGMONT. KLÄRCHENS LIED

•

UND WENN ich dich lieb habe, was geht's dich an? WILHELM MEISTERS LEHRJAHRE

•

Küsse mich! **SONST** küss ich dich! FAUST I

•

Wir irrten **UNS ANEINANDER,** ¶ Es war eine schöne Zeit. EPIGRAMMATISCH. ERINNERUNG

•

Verändert sich nicht alles in der Welt? Warum sollten **UNSERE LEIDENSCHAFTEN** bleiben? CLAVIGO

•

Ihr scheint ein süßes Wort, ein Kuss zu g'nügen, ¶ Als wär es alles, was ihr Herz begehrte. GEDICHTE. DAS TAGEBUCH

•

Lust und Liebe sind **DIE FITTICHE** zu großen Taten. IPHIGENIE AUF TAURIS

•

Das Bild der Geliebten kann nicht alt werden, denn jeder **MOMENT** ist seine Geburtsstunde. DER SAMMLER UND DIE SEINIGEN

•

ES IST MIR **IN DEINER LIEBE**, ALS WENN ICH NICHT MEHR IN ZELTEN UND HÜTTEN WOHNTE, ALS OB ICH EIN WOHLGEGRÜNDETES HAUS **ZUM GESCHENK** ERHALTEN HÄTTE, DRINNE ZU LEBEN UND ZU STERBEN UND ALLE MEINE BESITZTÜMER DRINNE ZU BEWAHREN.

AN CHARLOTTE VON STEIN

Wonniglich ist's, die Geliebte **VERLANGEND** im Arme zu halten, ¶ Wenn ihr klopfendes Herz Liebe zuerst **DIR GESTEHT.** ¶ Wonniglicher das Pochen des Neulebendigen fühlen, ¶ Das **IN DEM LIEBLICHEN SCHOß** immer sich nährend bewegt. VENEZIANISCHE EPIGRAMME

•

Liebe will ich **LIEBEND LOBEN,** ¶ Jede Form, sie kommt von oben. GEDICHTE

•

Ob ich dich liebe, **WEIß ICH NICHT.** ¶ Seh ich nur einmal dein Gesicht, ¶ Seh dir ins Auge nur einmal, ¶ **FREI WIRD MEIN HERZ** von aller Qual. ¶ Gott weiß, wie mir so wohl geschicht! ¶ **OB ICH DICH LIEBE,** weiß ich nicht. GEDICHTE. SESENHEIMER LIEDER

•

Sie war nicht liebenswürdig, wenn sie liebte, und das ist **DAS GRÖßTE UNGLÜCK,** das einem Weibe begegnen kann. WILHELM MEISTERS LEHRJAHRE

•

Nur wenn das Herz erschlossen, ¶ **DANN IST DIE ERDE SCHÖN.** ¶ Du standest so verdrossen ¶ Und wusstest nicht zu sehn. ZAHME XENIEN

•

Wir stolpern wohl auf **UNSRER LEBENSREISE,** ¶ Und doch vermögen in der Welt, der tollen, ¶ Zwei Hebel viel aufs irdische Getriebe: ¶ Sehr **VIEL DIE PFLICHT,** unendlich mehr die Liebe! GEDICHTE. DAS TAGEBUCH

•

Vermag die Liebe alles zu **DULDEN,** so vermag sie noch viel mehr alles zu **ERSETZEN.** DIE WAHLVERWANDTSCHAFTEN

•

Ein Schauspiel für Götter, ¶ **ZWEEN LIEBENDE ZU SEHN!** ¶ Das liebste Frühlingswetter ¶ Ist nicht so warm, so schön. ERWIN UND ELMIRE

•

Es ist eine unaussprechliche Glückseligkeit, wenn **GESINNUNGEN UND EMPFINDUNGEN** zwischen zwei Wesen wechseln, ohne irgend anzustoßen. AN CHARLOTTE VON STEIN

•

Und wenn euch der Liebste **MIT EIFERSUCHT** plagt, ¶ Sich über ein Nicken, ein Lächeln beklagt, ¶ Mit **FALSCHHEIT** euch necket, von Wankelmut spricht, ¶ Dann singet und tanzet, da hört ihr nicht hin! DIE LAUNE DES VERLIEBTEN

•

Heut ist mir alles herrlich; wenn's nur bliebe! ¶ Ich sehe heut durchs **AUGENGLAS DER LIEBE.** WEST-ÖSTLICHER DIVAN

•

Du gingst, ich stund und sah zur Erden ¶ Und sah dir nach mit nassem Blick. ¶ Und doch, **WELCH GLÜCK, GELIEBT ZU WERDEN,** ¶ Und **LIEBEN, GÖTTER, WELCH EIN GLÜCK!** GEDICHTE. WILLKOMMEN UND ABSCHIED

•

Der liebt nicht, der **DIE FEHLER** des Geliebten nicht für Tugenden hält. MAXIMEN UND REFLEXIONEN. ÜBER LITERATUR UND LEBEN

•

Die Liebe **HERRSCHT NICHT,** aber sie bildet, und das ist mehr. DAS MÄRCHEN

•

Krone des Lebens, ¶ **GLÜCK OHNE RUH,** ¶ Liebe, bist du!
GEDICHTE. RASTLOSE LIEBE

•

Dass so viel **SELBSTISCHES** in der Liebe ist, und doch, was wär sie ohne das! AN CHARLOTTE VON STEIN

•

So ein alter Kerl ich bin, **WO ICH LIEBE SEHE,** ist mir's immer, als wär ich im Himmel. ERWIN UND ELMIRE

•

Was rechte Weiber sind, sollten **KEINE MÄNNER** lieben, wir sind's nicht wert. AN AUGUSTE GRÄFIN ZU STOLBERG

•

Alles Vergängliche ¶ Ist nur ein Gleichnis; ¶ Das Unzulängliche, ¶ Hier wird's Ereignis; ¶ Das Unbeschreibliche, ¶ Hier ist's getan; ¶ Das **EWIG-WEIBLICHE** ¶ Zieht uns hinan. FAUST II

•

Wenn dir's **IM KOPF UND HERZEN** schwirrt, ¶ Was willst du Bessres haben! ¶ Wer nicht mehr liebt und nicht mehr irrt, ¶ **DER LASSE SICH BEGRABEN.** EPIGRAMMATISCH. DAS BESTE

•

Zu der Zeit liebt sich's am besten, wenn man noch denkt, dass **MAN ALLEIN LIEBT** und noch kein Mensch so geliebt hat und lieben werde. GESPRÄCHE MIT RIEMER

•

Flieht, Freunde, ja die Liebe nicht! ¶ Denn **NIEMAND** flieht ihr Reich: ¶ Und wenn euch Amor einmal kriegt, ¶ Dann ist es aus mit euch. GEDICHTE. PYGMALION

•

Hört von mir, was wenig wissen, ¶ **HÖRT'S UND DENKET NACH** dabei: ¶ Dass, wenn zwei sich zärtlich küssen, ¶ Gern sich sehn und ungern missen, ¶ Es nicht stets **AUS LIEBE** sei. GEDICHTE. LYDE

•

Pah! Als **OB DIE LIEBE ETWAS MIT DEM VERSTANDE** zu tun hätte! Wir lieben an einem jungen Frauenzimmer ganz andere Dinge als den Verstand. GESPRÄCHE MIT ECKERMANN

•

»Betrogen bist du zum Erbarmen, ¶ nun lässt sie dich allein!« ¶ Und war es **NUR EIN SCHEIN,** ¶ Sie lag in meinen Armen; ¶ War sie drum weniger mein? ZAHME XENIEN

•

IHR SEUFZT UND SINGT und schmelzt und küsst ¶ Und jauchzet, ohne dass ihr's wisst, ¶ Dem Abgrund in der Nähe. ¶ Flieht Wiese, Bach und Sonnenschein, ¶ Schleicht, soll's euch wohl im Winter sein, ¶ Bald zu dem **HERD DER EHE.**

GEDICHTE. ZUEIGNUNG

•

WOHER SIND WIR GEBOREN?, ¶ Aus Lieb'. ¶ Wie wären wir verloren?, ¶ Ohn' Lieb'. ¶ Was hilft uns überwinden?, ¶ Die Lieb'. ¶ Kann man auch Liebe finden?, ¶ Durch Lieb'. ¶ Was lässt nicht lange weinen?, ¶ Die Lieb'. ¶ Was soll uns stets vereinen?, ¶ Die Lieb'. GEDICHTE. NACHLESE

•

Durch **EIN PAAR ZÜGE** aus dem Becher der Liebe hält uns die Natur für ein Leben voll Mühe schadlos. ERLÄUTERUNGEN ZU DEM APHORISTISCHEN AUFSATZ: DIE NATUR

•

Kennst du **DAS HERRLICHE GIFT** der unbefriedigten Liebe? ¶ Es versengt und erquickt, zehret am Mark und erneut's. ¶ Kennst du die **HERRLICHE WIRKUNG** der endlich befriedigten Liebe? ¶ Körper verbindet sie schön, wenn sie die Geister befreit. GEDICHTE. VIER JAHRESZEITEN

•

Aufgezogen durch die Sonne ¶ Schwimmt **IM HAUCH ÄTHER'SCHER WONNE** ¶ So das leicht'ste Wölkchen nie ¶ Wie mein Herz in Ruh und Freude. ¶ **FREI VON FURCHT,** zu groß zum Neide, ¶ Lieb ich, ewig lieb ich sie! GEDICHTE. DAS GLÜCK DER LIEBE

•

Wenn **EIN WUNDER** auf der Welt geschieht, Geschieht's durch liebevolle, treue Herzen. DIE NATÜRLICHE TOCHTER

•

Die Frauen sind **SILBERNE SCHALEN**, in die wir **GOLDENE ÄPFEL** legen. Meine Idee von den Frauen ist nicht von den Erscheinungen der Wirklichkeit abstrahiert, sondern sie ist mir angeboren oder in mir entstanden, Gott weiß wie. Meine **FRAUENCHARAKTERE** sind daher auch alle gut weggekommen. Sie sind **ALLE BESSER**, als sie in der Wirklichkeit anzutreffen sind. GESPRÄCHE MIT ECKERMANN

•

WUNDERLICHSTES BUCH DER BÜCHER ¶ IST **DAS BUCH DER LIEBE**; ¶ AUFMERKSAM HAB ICH'S GELESEN: ¶ WENIG **BLÄTTER** FREUDEN, ¶ GANZE HEFTE LEIDEN; ¶ EINEN **AB-SCHNITT** MACHT DIE TREN-NUNG. ¶ WIEDERSEHN! EIN KLEIN **KAPITEL**, ¶ FRAG-MENTARISCH. **BÄNDE** KUM-MERS ¶ MIT ERKLÄRUNGEN VERLÄNGERT, ¶ ENDLOS, OHNE MAß.

WEST-ÖSTLICHER DIVAN

»IN DER KUNST IST DAS BESTE GUT GENUG«

Für einen Autor ist es eine tröstliche Aussicht, dass alle Tage **NEUE KÜNFTIGE LESER** geboren werden. AN CHARLOTTE VON STEIN

•

Hier liegt ein **ÜBERSCHLECHTER POET.** ¶ Wenn er nur niemals aufersteht! ZAHME XENIEN

•

Die Kunst ist ein **ERNSTHAFTES GESCHÄFT,** am ernsthaftesten, wenn sie sich mit edlen heiligen Gegenständen beschäftigt; der **KÜNSTLER** aber steht über der Kunst und dem Gegenstande: über jener, da er sie **ZU SEINEN ZWECKEN BRAUCHT,** über diesem, weil er ihn **NACH EIGNER WEISE** behandelt. MAXIMEN UND REFLEXIONEN. NAIVITÄT UND HUMOR

•

Vom **HANDWERK** kann man sich **ZUR KUNST ERHEBEN. VOM PFUSCHEN NIE.** ÜBER DEN PRAKTISCHEN DILETTANTISMUS ODER DIE PRAKTISCHE LIEBHABEREI IN DEN KÜNSTEN

•

Könnten Geist und höhere Bildung **EIN GEMEINGUT** werden, so hätte der Dichter ein gutes Spiel; er könnte immer durchaus **WAHR SEIN** und brauchte sich nicht zu scheuen, das Beste zu sagen. So aber muss er sich immer in einem **GEWISSEN NIVEAU** halten; er hat zu bedenken, dass seine Werke in die Hände einer gemischten Welt kommen, und er hat daher Ursache, sich in Acht zu nehmen, dass er der Mehrzahl guter Menschen **DURCH EINE ZU GROSSE OFFENHEIT** kein Ärgernis gebe. GESPRÄCHE MIT ECKERMANN

•

BILDE, Künstler! Rede nicht! ¶ Nur **EIN HAUCH** sei dein Gedicht. GEDICHTE. KUNST

•

Was wär ich ¶ Ohne dich, ¶ Freund **PUBLIKUM!** ¶ All mein Empfinden Selbstgespräch, ¶ All meine Freude stumm. GEDICHTE. DER AUTOR

•

In jedem Künstler liegt ein **KEIM VON VERWEGENHEIT,** ohne den kein Talent denkbar ist, und dieser wird besonders rege, wenn man den Fähigen einschränken und zu einseitigen Zwecken dingen und brauchen will. MAXIMEN UND REFLEXIONEN. NAIVITÄT UND HUMOR

•

Das Publikum ist im Ganzen nicht fähig, irgendein Talent zu beurteilen; denn die Grundsätze, wonach es geschehen kann, werden nicht mit uns geboren, der Zufall überliefert sie nicht; **DURCH ÜBUNG UND STUDIUM** allein können wir dazu gelangen. ANMERKUNGEN ZU DIDEROT

•

Und wer der Dichtkunst Stimme nicht vernimmt, ¶ Ist **EIN BARBAR,** er sei auch, wer er sei. TORQUATO TASSO

•

Entzwei und gebiete! Tüchtig Wort; ¶ Verein' und leite! Bessrer Hort! GEDICHTE. SPRICHWÖRTLICHES

•

Das Glück des Genies: Wenn es **ZU ZEITEN DES ERNSTES** geboren wird. MAXIMEN UND REFLEXIONEN. ÜBER LITERATUR UND LEBEN

•

Wenn durch die **PHANTASIE** nicht Dinge entständen, die für den **VERSTAND** ewig problematisch bleiben, so wäre überhaupt zu der Phantasie nicht viel. GESPRÄCHE MIT ECKERMANN

•

Es ist das Vorrecht des Schönen, dass es **NICHT NÜTZLICH** zu sein braucht. ÜBER DIE BILDENDE NACHAHMUNG DES SCHÖNEN

•

Der Humor entsteht, wenn die Vernunft **NICHT IM GLEICHGEWICHT** mit den Dingen ist, sondern entweder sie zu beherrschen strebt und nicht damit zu Stande kommen kann: Welches der **ÄRGERLICHE ODER ÜBLE HUMOR** ist; oder sich ihnen gewissermaßen unterwirft und mit sich spielen lässt, salvo honore: Welches der **HEITRE HUMOR** oder der gute ist. MAXIMEN UND REFLEXIONEN. ÜBER LITERATUR UND LEBEN

•

Ein **ECHTES KUNSTWERK** bleibt, wie ein Naturwerk, **FÜR UNSERN VERSTAND IMMER UNENDLICH**; es wird angeschaut, empfunden; es wirkt, es kann aber nicht eigentlich erkannt werden. ÜBER LAOKOON

•

Sowie ein Dichter politisch wirken will, muss er sich **EINER PARTEI HINGEBEN**, und sowie er dieses tut, ist er als Poet verloren. GESPRÄCHE MIT ECKERMANN

•

Wer das Dichten will verstehen, ¶ Muss ins **LAND DER DICHTUNG** gehen; ¶ Wer den Dichter will verstehen, ¶ Muss **IN DICHTERS LANDE** gehen. WEST-ÖSTLICHER DIVAN. NOTEN UND ABHANDLUNGEN

•

Lasst uns doch vielseitig sein! **MÄRKISCHE RÜBCHEN SCHMECKEN GUT**, am besten gemischt mit Kastanien. Und diese beiden edlen Früchte wachsen weit auseinander.
MAXIMEN UND REFLEXIONEN. ÜBER KUNST UND KUNSTGESCHICHTE

•

Aber der Mensch ist nicht bloß ein **DENKENDES**, er ist zugleich ein **EMPFINDENDES WESEN**. Er ist ein Ganzes, eine Einheit vielfacher, innig verbundner Kräfte, und zu diesem Ganzen des Menschen muss das Kunstwerk reden, es muss dieser reichen Einheit, dieser einigen Mannigfaltigkeit in ihm entsprechen. DER SAMMLER UND DIE SEINIGEN

•

DIE BILDENDE KUNST IST AUF DAS SICHTBARE ANGEWIESEN, AUF DIE ÄUẞERE ERSCHEINUNG DES NATÜRLICHEN. DAS REIN NATÜRLICHE, INSOFERN ES SITTLICH GEFÄLLIG IST, **NENNEN WIR NAIV**. NAIVE GEGENSTÄNDE SIND ALSO DAS GEBIET DER KUNST, DIE EIN SITTLICHER AUSDRUCK DES NATÜRLICHEN SEIN SOLL. GEGENSTÄNDE, **DIE NACH BEIDEN SEITEN HINWEISEN**, SIND DIE GÜNSTIGSTEN.

MAXIMEN UND REFLEXIONEN. NAIVITÄT UND HUMOR

Die Form will **SO GUT VERDAUET** sein als der Stoff; ja sie verdaut sich viel schwerer. MAXIMEN UND REFLEXIONEN. ÜBER KUNST UND KUNSTGESCHICHTE

•

Man ist nur vielseitig, wenn man **ZUM HÖCHSTEN STREBT**, weil man muss (im Ernst), und zum Geringern herabsteigt, wenn man will (zum Spaß). MAXIMEN UND REFLEXIONEN. ÜBER KUNST UND KUNSTGESCHICHTE

•

Antike Tempel konzentrieren den **GOTT IM MENSCHEN**; des Mittelalters Kirchen streben nach dem **GOTT IN DER HÖHE**. MAXIMEN UND REFLEXIONEN. ÜBER KUNST UND KUNSTGESCHICHTE

•

Werke der Kunst werden zerstört, sobald der **KUNSTSINN** verschwindet. MAXIMEN UND REFLEXIONEN. ÜBER KUNST UND KUNSTGESCHICHTE

•

Eigentümlichkeit des Ausdrucks ist **ANFANG UND ENDE** aller Kunst. MAXIMEN UND REFLEXIONEN. AUS WILHELM MEISTERS WANDERJAHREN

•

Des tragischen Dichters Aufgabe und Tun ist nichts anderes als: Ein psychisch-sittliches Phänomen, in einem **FASSLICHEN EXPERIMENT** dargestellt, in der Vergangenheit nachzuweisen. MAXIMEN UND REFLEXIONEN. ÜBER LITERATUR UND LEBEN

•

Die Literatur **VERDIRBT** sich nur in dem Maße, als die Menschen verdorbener werden. MAXIMEN UND REFLEXIONEN. ÜBER NATUR UND LEBEN

•

Die hohe Kunst muss selbständig sein, **WEDER FRÖMMIGKEIT NOCH PATRIOTISMUS** dienen hier zum Supplemente. SCHRIFTEN ZUR KUNST. VORSCHLAG

•

Durch Vernünfteln wird **POESIE** vertrieben, ¶ Aber sie mag das Vernünftige lieben. GEDICHTE. SPRICHWÖRTLICH

•

Der **CHARAKTER** verhält sich zum **SCHÖNEN** wie das **SKELETT** zum lebendigen **MENSCHEN.** DER SAMMLER UND DIE SEINIGEN

•

Gedichte sind **GEMALTE** Fensterscheiben. GEDICHTE. PARABOLISCH

•

»Komposition« ist ein ganz niederträchtiges Wort, das wir den Franzosen zu verdanken haben und das wir sobald wie möglich wieder loszuwerden suchen sollten. Wie kann man sagen, Mozart habe seinen Don Juan »komponiert«! Komposition! **ALS OB ES EIN STÜCK KUCHEN ODER BISKUIT WÄRE,** das man aus Eiern, Mehl und Zucker zusammenrührt! GESPRÄCHE MIT ECKERMANN

•

Shakespeare ist für **AUFKEIMENDE TALENTE** gefährlich zu lesen; er nötigt sie, ihn zu reproduzieren, und sie bilden sich ein, sich selbst zu produzieren. WILHELM MEISTERS WANDERJAHRE

•

Frei will ich sein **IM DENKEN UND IM DICHTEN;** ¶ **IM HANDELN** schränkt die Welt genug uns ein. TORQUATO TASSO

•

Ein reiner Reim wird wohl begehrt; ¶ Doch den Gedanken rein zu haben, ¶ Die edelste von allen Gaben, ¶ **DAS IST MIR ALLE REIME WERT.** ZAHME XENIEN

•

Den **STOFF** sieht jedermann vor sich, den **GEHALT** findet nur der, der etwas dazuzutun hat, und die **FORM** ist ein Geheimnis den meisten. MAXIMEN UND REFLEXIONEN. AUS KUNST UND ALTERTUM

•

Es ist keine Kunst, eine Göttin zur Hexe, eine Jungfrau zur Hure zu machen; aber **ZUR UMGEKEHRTEN OPERATION**, Würde zu geben dem Verschmähten, wünschenswert zu machen das Verworfene, dazu gehört entweder Kunst oder Charakter. MAXIMEN UND REFLEXIONEN. ÜBER LITERATUR UND LEBEN

•

VOLLKOMMENHEIT ist schon da, wenn das Notwendige geleistet wird, **SCHÖNHEIT**, wenn das Notwendige geleistet, doch verborgen ist. Vollkommenheit kann mit Disproportion bestehen, **SCHÖNHEIT ALLEIN MIT PROPORTION.**

MAXIMEN UND REFLEXIONEN. ÜBER KUNST UND KUNSTGESCHICHTE

•

Zu erfinden, zu beschließen, ¶ Bleibe, Künstler, oft allein; ¶ **DEINES WIRKENS ZU GENIEßEN**, ¶ Eile freudig zum Verein! ¶ Hier im Ganzen schau', erfahre ¶ Deinen eignen Lebenslauf, ¶ Und die Taten mancher Jahre ¶ Gehn dir in dem Nachbar auf. ¶ Der Gedanke, das Entwerfen, ¶ Die Gestalten, ihr Bezug, ¶ Eines wird das andre schärfen, ¶ Und am Ende sei's genug! ¶ **WOHL ERFUNDEN, KLUG ERSONNEN**, ¶ **SCHÖN GEBILDET, ZART VOLLBRACHT** – ¶ So von jeher hat gewonnen ¶ Künstler kunstreich seine Macht. GEDICHTE. KÜNSTLERLIED

•

Zur Anschauung gesellt sich die **EINBILDUNGSKRAFT**, diese ist zuerst nachbildend, die Gegenstände nur wiederholend. Sodann ist sie produktiv, indem sie **DAS ANGEFASSTE** belebt, entwickelt, erweitert, verwandelt. AN CARL LUDWIG VON KNEBEL

•

Das **NAIVE** als natürlich ist **MIT DEM WIRKLICHEN** verschwistert. Das Wirkliche **OHNE SITTLICHEN BEZUG** nennen wir gemein. MAXIMEN UND REFLEXIONEN. NAIVITÄT UND HUMOR

•

Sage, Muse, sag dem Dichter, ¶ **WIE ER DENN ES MACHEN SOLL!** ¶ Wenn der wunderlichsten Richter ¶ Ist die liebe Welt so voll. GEDICHTE. SCHLUSSPOETIK

•

Die **DILETTANTEN**, wenn sie das Möglichste getan haben, pflegen **ZU IHRER ENTSCHULDIGUNG** zu sagen, die Arbeit sei noch nicht fertig. Freilich kann sie nie fertig werden, weil sie **NIE RECHT ANGEFANGEN** ward. MAXIMEN UND REFLEXIONEN. AUS WILHELM MEISTERS WANDERJAHREN

•

Welchen Leser ich wünsche? ¶ Den unbefangensten, der mich, ¶ Sich und die Welt **VERGISST** ¶ und in dem Buche nur lebt. GEDICHTE. VIER JAHRESZEITEN

•

Alles Prägnante, was allein an einem Kunstwerke vortrefflich ist, wird nicht anerkannt, alles **FRUCHTBARE UND FÖRDERNDE** wird beseitigt, eine tiefumfassende Synthesis begreift nicht leicht jemand. MAXIMEN UND REFLEXIONEN. ÜBER KUNST UND KUNSTGESCHICHTE

•

Man **WEICHT DER WELT** nicht sicherer aus als durch die Kunst, und man **VERKNÜPFT** sich nicht sicherer mit ihr als durch die Kunst. MAXIMEN UND REFLEXIONEN. AUS DEN WAHLVERWANDTSCHAFTEN

•

Es gibt auch Afterkünstler: Dilettanten und Spekulanten; jene treiben die Kunst **UM DES VERGNÜGENS**, diese **UM DES NUTZENS** willen. MAXIMEN UND REFLEXIONEN. AUS KUNST UND ALTERTUM

•

Die Bildhauerkunst wird mit Recht so hoch gehalten, weil sie die Darstellung auf **IHREN HÖCHSTEN GIPFEL** bringen kann und muss, weil sie den Menschen von allem, **WAS IHM NICHT WESENTLICH IST**, entblößt. ÜBER LAOKOON

•

DER **EINZELNE KÜNSTLER KANN SICH FREILICH NICHT ISOLIEREN**, UND DOCH GEHÖRT EINSAMKEIT DAZU, UM IN DIE TIEFE DER KUNST ZU BRINGEN UND DIE TIEFE KUNST IN SEINEM EIGNEN HERZEN AUFZUSCHLIEẞEN. FREILICH KEINE ABSOLUTE **EINSAMKEIT**, SONDERN EINSAMKEIT IN EINEM **LEBENDIGEN** REICHEN KUNSTKREISE.

AN WILHELM VON HUMBOLDT

Die **KUNST** beschäftigt sich mit dem Schweren und Guten. MAXIMEN UND REFLEXIONEN. AUS DEN WAHLVERWANDTSCHAFTEN

•

Der **KOPF** fasst kein Kunstprodukt als nur **IN GESELLSCHAFT MIT DEM HERZEN.** AN SCHILLER

•

Jede Kunst verlangt **DEN GANZEN MENSCHEN**, der höchstmögliche Grad derselben die ganze Menschheit. EINLEITUNG IN DIE PROPYLÄEN

•

DAS ist die Kunst, **DAS** ist die Welt, ¶ Dass eins um andere gefällt. GEDICHTE. MODERNES

•

Die Frage: **WOHER HAT'S DER DICHTER?** geht auch nur aufs Was, vom Wie erfährt dabei niemand etwas. MAXIMEN UND REFLEXIONEN. AUS WILHELM MEISTERS WANDERJAHREN

•

GEHALT OHNE METHODE führt zur Schwärmerei, **METHODE OHNE GEHALT** zum leeren Klügeln; **STOFF OHNE FORM** zum beschwerlichen Wissen, **FORM OHNE STOFF** zu einem hohlen Wähnen. MAXIMEN UND REFLEXIONEN. AUS DER FARBENLEHRE

•

Wer uns **AM STRENGSTEN** kritisiert? – ¶ Ein Dilettant, der sich resigniert. GEDICHTE. SPRICHWÖRTLICH

•

Der **WUNSCH NACH BEIFALL**, welchen der Schriftsteller fühlt, ist ein Trieb, den ihm die Natur eingepflanzt hat, um ihn zu etwas Höherem anzulocken; er glaubt, den Kranz schon erreicht zu haben, und wird bald gewahr, dass eine mühsamere Ausbildung jeder angeborenen Fähigkeit nötig ist, **UM DIE ÖFFENTLICHE GUNST FESTZUHALTEN**, die wohl auch, durch Glück und Zufall, auf kurze Momente erlangt werden kann. SCHRIFTEN ZUR KUNST

•

Die Poesie verlangt, ja sie **GEBIETET SAMMLUNG**, sie isoliert den Menschen wider seinen Willen, sie drängt sich wiederholt auf und ist in der breiten Welt **SO UNBEQUEM**, wie eine treue Liebhaberin. AN SCHILLER

•

Shakespeare gesellt sich zum Weltgeist; er **DURCHDRINGT DIE WELT** wie jener; beiden ist nichts verborgen; aber wenn des Weltgeists Geschäft ist, Geheimnisse vor, ja oft nach der Tat zu bewahren, **SO IST ES DER SINN DES DICHTERS**, das Geheimnis zu verschwätzen und uns vor oder doch gewiss in der Tat zu Vertrauten zu machen. Der lasterhafte Mächtige, der wohldenkende Beschränkte, der leidenschaftlich Hingerissene, der ruhig Betrachtende, alle tragen ihr Herz in der Hand, oft gegen alle Wahrscheinlichkeit; jedermann ist redsam und redselig. Genug, **DAS GEHEIMNIS MUSS HERAUS**, und sollten es die Steine verkünden. Selbst das Unbelebte drängt sich hinzu, alles Untergeordnete spricht mit, die Elemente, Himmel-, Erd- und Meerphänomene, Donner und Blitz, wilde Tiere erheben ihre Stimme, oft scheinbar als Gleichnis, aber ein wie das andre Mal mithandelnd. Aber auch die zivilisierte Welt muss ihre Schätze hergeben; Künste und Wissenschaften, Handwerke und Gewerbe, alles reicht seine Gaben dar. **SHAKESPEARES DICHTUNGEN SIND EIN GROẞER BELEBTER JAHRMARKT**, und diesen Reichtum hat er seinem Vaterlande zu danken. ¶ Überall ist England, das meerumflossene, von Nebel und Wolken umzogene, nach allen Weltgegenden tätige. Der Dichter lebt zur würdigen und wichtigen Zeit und stellt ihre Bildung, ja Verbildung mit großer Heiterkeit uns dar, ja er würde nicht so sehr auf uns wirken, wenn er sich nicht **SEINER LEBENDIGEN ZEIT** gleichgestellt hätte. SHAKESPEARE UND KEIN ENDE!

•

Wer nicht **EINE MILLION LESER** erwartet, sollte keine Zeile schreiben. GESPRÄCHE MIT ECKERMANN

•

WIE NATUR IM VIELGEBILDE ¶ EINEN GOTT NUR OFFENBART, ¶ SO IM **WEITEN KUNSTGEFILDE** ¶ WEBT EIN SINN DER EW'GEN ART; ¶ DIESES IST DER **SINN DER WAHRHEIT**, ¶ DER SICH NUR MIT SCHÖNEM SCHMÜCKT ¶ UND GETROST DER HÖCHSTEN KLARHEIT ¶ HELLSTEN TAGS ENTGEGENBLICKT.

WILHELM MEISTERS WANDERJAHRE

Die Malerei ist die **LÄSSLICHSTE UND BEQUEMSTE VON ALLEN KÜNSTEN.** Die lässlichste, weil man ihr um des Stoffes und des Gegenstandes willen, auch da, wo sie nur Handwerk oder kaum eine Kunst ist, vieles zugute hält und sich an ihr erfreut; teils weil eine technische, obgleich geistlose Ausführung den Ungebildeten wie den Gebildeten in Verwunderung setzt, so dass sie sich also **NUR EINIGERMAẞEN ZUR KUNST ZU STEIGERN** braucht, um in einem höheren Grade willkommen zu sein. Wahrheit in Farben, Oberflächen, in Beziehungen der sichtbaren Gegenstände aufeinander, ist schon angenehm; und da das Auge ohnehin gewohnt ist, alles zu sehen, so ist ihm eine Missgestalt und also auch ein Missbild nicht so zuwider als dem Ohr ein Misston. Man lässt die schlechteste Abbildung gelten, weil man **NOCH SCHLECHTERE GEGENSTÄNDE ZU SEHEN GEWOHNT IST.** Der Maler darf also nur einigermaßen Künstler sein, so findet er schon ein größeres Publikum als der Musiker, der auf gleichem Grade stünde; wenigstens kann der geringere Maler immer für sich operieren, anstatt dass der mindere Musiker sich mit andern soziieren muss, um durch gesellige Leistung einigen Effekt zu tun. MAXIMEN UND REFLEXIONEN. AUS WILHLEM MEISTERS WANDERJAHREN

•

Die Lust der Deutschen **AM UNSICHERN IN DEN KÜNSTEN** kommt aus der Pfuscherei her; denn wer pfuscht, darf das Rechte nicht gelten lassen, sonst wäre er **GAR NICHTS.**

MAXIMEN UND REFLEXIONEN. AUS KUNST UND ALTERTUM

•

Der Roman ist **EINE SUBJEKTIVE EPOPÈE**, in welcher der Verfasser sich die Erlaubnis ausbittet, die Welt nach seiner Weise zu behandeln. Es fragt sich also nur, ob er eine Weise habe. MAXIMEN UND REFLEXIONEN. EIGENES UND ANGEEIGNETES IN SPRÜCHEN

•

Wollte ich jedoch einmal als Poet irgendeine Idee darstellen, so tat ich es **IN KLEINEN GEDICHTEN**, wo eine entschiedene Einheit herrschen konnte und welches zu übersehen war, wie z.B. »die Metamorphose der Tiere«, die »der Pflanzen«, das Gedicht »Vermächtnis«, und viele andere. Das einzige Produkt von größerem Umfang, wo ich mir bewusst bin, nach Darstellung einer durchgreifenden Idee gearbeitet zu haben, wären etwa meine »Wahlverwandtschaften«. Der Roman ist dadurch **FÜR DEN VERSTAND FASSLICH** geworden; aber ich will nicht sagen, dass er dadurch besser geworden wäre! Vielmehr bin ich der Meinung: je inkommensurabler und für den Verstand unfasslicher eine poetische Produktion, desto besser. GESPRÄCHE MIT ECKERMANN

•

Bei den Deutschen **WIRD DAS IDEELLE GLEICH SENTIMENTAL**, zumal bei dem Tross von ordinären Autoren und Autorinnen. GESPRÄCHE MIT RIEMER

•

Über Geschichte **KANN NIEMAND URTEILEN**, als wer an sich selbst Geschichte erlebt hat. So geht es ganzen Nationen. Die Deutschen können erst **ÜBER LITERATUR URTEILEN**, seitdem sie selbst eine Literatur haben. MAXIMEN UND REFLEXIONEN. AUS WILHELM MEISTERS WANDERJAHREN

•

Die Mehrzahl unserer jungen Poeten fehlt weiter nichts, als dass ihre Subjektivität **NICHT BEDEUTEND** ist und dass sie im Objektiven den Stoff **NICHT ZU FINDEN** wissen.
GESPRÄCHE MIT ECKERMANN

•

Ein dramatisches Werk zu verfassen, dazu gehört Genie. Am Ende soll die **EMPFINDUNG**, in der Mitte die **VERNUNFT**, am Anfang der **VERSTAND** vorwalten und alles gleichmäßig durch eine lebhaft-klare Einbildungskraft vorgetragen werden.
MAXIMEN UND REFLEXIONEN. ÜBER LITERATUR UND LEBEN

•

Alles **POETISCHE** sollte **RHYTHMISCH** behandelt werden! Das ist meine Überzeugung. AN SCHILLER

•

Die Deutschen haben so eine Art von **SONNTAGSPOESIE,** eine Poeise, die ganz alltägliche Gestalten mit etwas besseren Worten bekleidet, wo denn auch die Kleider die Leute machen sollen. GESPRÄCHE MIT RIEMER

•

Wenn es eine Freude ist, **DAS GUTE ZU GENIEẞEN,** so ist es eine größere, **DAS BESSERE ZU EMPFINDEN,** und in der Kunst ist das Beste gut genug. ITALIENISCHE REISE

•

Dreingreifen, packen ist das **WESEN JEDER MEISTERSCHAFT.** AN HERDER

•

Poetischer Gehalt aber ist **GEHALT DES EIGENEN LEBENS;** den kann uns niemand geben, vielleicht verdüstern, aber nicht verkümmern. Alles was Eitelkeit, das heißt **SELBSTGEFÄLLIGES OHNE FUNDAMENT** ist, wird schlimmer als jemals behandelt werden. EIN WORT FÜR JUNGE DICHTER

•

Wer einem Autor **DUNKELHEIT** vorwerfen will, sollte erst sein eigen Inners beschauen, ob es denn da auch **RECHT HELL** ist: In der Dämmerung wird eine sehr deutliche Schrift unlesbar. MAXIMEN UND REFLEXIONEN. ÜBER KUNST UND KUNSTGESCHICHTE

•

Es ist eine Tradition, Dädalus, der erste Plastiker, habe die **ERFINDUNG DER DREHSCHEIBE** des Töpfers beneidet. Von Neid möchte wohl nichts vorgekommen sein; aber der große Mann hat wahrscheinlich vorempfunden, dass die Technik zuletzt in der Kunst verderblich werden müsse. ¶ Die **TECHNIK IM BÜNDNIS MIT DEM ABGESCHMACKTEN** ist die fürchterlichste Feindin der Kunst. MAXIMEN UND REFLEXIONEN. ÜBER KUNST UND KUNSTGESCHICHTE

•

Erst hört man von **NATUR UND NACHAHMUNG** derselben, dann soll es eine schöne Natur geben. Man soll wählen; doch wohl das Beste! Und woran soll man's erkennen? Nach welcher Norm soll man wählen? Und wo ist denn die Norm? Doch wohl nicht auch in der Natur? Und gesetzt, der Gegenstand wäre gegeben, der schönste Baum im Walde, der in seiner Art als vollkommen auch vom Förster anerkannt würde. Nun, um den Baum in ein Bild zu verwandeln, geh ich um ihn herum und suche mir die schönste Seite. Ich trete weit genug weg, um ihn völlig zu übersehen, ich warte ein günstiges Licht ab, und nun soll von dem Naturbaum noch viel auf das Papier übergegangen sein! Der Laie mag das glauben; **DER KÜNSTLER HINTER DEN KULISSEN SEINES HANDWERKS SOLLTE AUFGEKLÄRTER SEIN.** Gerade das, was ungebildeten Menschen am Kunstwerk der Natur auffällt, das ist nicht Natur (von außen), sondern der Mensch (Natur von innen). MAXIMEN UND REFLEXIONEN. ÜBER KUNST UND KUNSTGESCHICHTE

•

Wir wissen von keiner Welt, als **IM BEZUG AUF DEN MENSCHEN**; wir wollen keine Kunst, als die ein Abdruck dieses Bezugs ist. MAXIMEN UND REFLEXIONEN. ÜBER KUNST UND KUNSTGESCHICHTE

•

Ihr wählt euch ein Muster, und damit vermischt ihr eure Individualität: Das ist alle eure Kunst. Da ist an **KEINE GRUNDSÄTZE**, an **KEINE SCHULE**, an **KEINE FOLGE** zu denken, **ALLES WILLKÜRLICH UND WIE ES EINEM JEDEN EINFÄLLT.** Dass man sich von Gesetzen losmacht, die bloß **DURCH TRADITION GEHEILIGT** sind, dagegen ist nichts zu sagen; aber dass man nicht denkt, **ES MÜSSEN DOCH GESETZE SEIN**, die aus der Natur jeder Kunst entspringen, daran denkt niemand. MAXIMEN UND REFLEXIONEN. ÜBER KUNST UND KUNSTGESCHICHTE

•

DIE KUNST RUHT AUF EINER ART RELIGIÖSEM SINN, **AUF EINEM TIEFEN, UNERSCHÜTTERLICHEN ERNST**; DESWEGEN SIE SICH AUCH SO GERN MIT DER RELIGION VEREINIGT. DIE RELIGION BEDARF KEINES KUNSTSINNES, SIE RUHT AUF IHREM EIGENEN ERNST; **SIE VERLEIHT ABER AUCH KEINEN, SO WENIG SIE GESCHMACK GIBT**.

MAXIMEN UND REFLEXIONEN. NAIVITÄT UND HUMOR

GEMÜT HAT JEDERMANN, **NATURELL** MANCHE, **KUNSTBEGRIFFE** SIND SELTEN. ¶ IN ALLEN KÜNSTEN GIBT ES EINEN GEWISSEN GRAD, DEN MAN MIT DEN NATÜRLICHEN ANLAGEN, **SOZUSAGEN ALLEIN** ERREICHEN KANN. ZUGLEICH ABER IST ES **UNMÖGLICH**, DENSELBEN ZU ÜBERSCHREITEN, WENN NICHT DIE KUNST ZU HÜLFE KOMMT.

MAXIMEN UND REFLEXIONEN. ÜBER KUNST UND KUNSTGESCHICHTE

Die Kunst kann niemand fördern **ALS DER MEISTER.** Gönner fördern den Künstler, das ist recht und gut; aber dadurch wird nicht immer die Kunst gefördert. MAXIMEN UND REFLEXIONEN.

•

Und so schnurrt nun wieder durch das Ganze die alte, halbwahre Philisterleier: dass die **KÜNSTE DAS SITTENGESETZ ANERKENNEN** und sich ihm **UNTERWERFEN** sollen. Das Erste haben sie **IMMER GETAN UND MÜSSEN ES TUN**, weil ihre Gesetze so gut als das Sittengesetz aus der Vernunft entspringen, täten sie aber das Zweite, **SO WÄREN SIE VERLOREN,** und es wäre besser, dass man ihnen gleich einen Mühlstein um den Hals hinge und sie ersäufte, als dass man sie nach und nach ins Nützlich-Platte absterben ließe.

AN JOHANN HEINRICH MEYER

•

Unser Meister ist derjenige, **UNTER DESSEN ANLEITUNG WIR UNS IN EINER KUNST FORTWÄHREND ÜBEN** und welcher uns, wie wir nach und nach zur Fertigkeit gelangen, stufenweise die Grundsätze mitteilt, nach welchen handelnd wir das ersehnte Ziel am sichersten erreichen. **IN SOLCHEM SINNE WAR ICH MEISTER VON NIEMAND.** Wenn ich aber aussprechen soll, was ich den Deutschen überhaupt, besonders den jungen Dichtern geworden bin, so darf ich mich wohl ihren Befreier nennen; denn sie sind an mir gewahr geworden, dass, wie der Mensch von innen heraus leben, **DER KÜNSTLER VON INNEN HERAUS WIRKEN MÜSSE**, indem er, gebärde er sich, wie er will, immer nur sein Individuum zutage fördern wird. EIN WORT FÜR JUNGE DICHTER

EIN SAMMELWESEN NAMENS GOETHE

Das Erfinden aus der Luft war nie meine Sache; ich habe die **WELT STETS FÜR GENIALER** gehalten als mein Genie.

AN HEINRICH LAUBE

•

Da ich kein anderes Bestreben kenne, als mich selbst, **NACH MEINER WEISE,** so viel als möglich auszubilden, damit ich **AN DEM UNENDLICHEN**, in das wir gesetzt sind, immer reiner und froher Anteil nehmen möge. AN CARL ERNST SCHUBARTH

•

Vom Vater hab ich die **STATUR,** ¶ Des Lebens ernstes Führen, ¶ Vom Mütterchen die Frohnatur ¶ Und **LUST ZU FABULIEREN.** ¶ Urahnherr war der Schönsten hold, ¶ **DAS SPUKT SO HIN UND WIEDER;** ¶ Urahnfrau liebte Schmuck und Gold, ¶ Das zuckt wohl durch die Glieder. ¶ Sind nun die Elemente nicht ¶ Aus dem Komplex zu trennen, ¶ Was ist denn **AN DEM GANZEN WICHT** ¶ Original zu nennen? ZAHME XENIEN

•

Man bedenke, dass mit jedem Atemzug ein ätherischer Lethestrom **UNSER GANZES WESEN** durchdringt, so dass wir uns der **FREUDEN** nur mäßig, der **LEIDEN** kaum erinnern. Diese hohe Gottesgabe habe ich von jeher zu schätzen, zu nützen und zu steigern gewusst. AN CARL FRIEDRICH ZELTER

•

Denn ich bin unbarmherzig, unduldsam gegen alle, die auf ihrem Weg schlendern oder irren und doch für **BOTEN UND REISENDE** gehalten werden wollen. ITALIENISCHE REISE

•

Nichts Peinlichers habe gefunden, als mit jemand in **WIDERWÄRTIGEM VERHÄLTNIS** zu stehen, mit dem ich übrigens aus einem Sinne gern gehandelt hätte. MAXIMEN UND REFLEXIONEN. ÜBER LITERATUR UND LEBEN

•

Ich hab einen **NEUEN FEHLER** begangen; ¶ Darauf waren die Leute so versessen, ¶ Dass sie des **ALTEN** gern vergessen. ZAHME XENIEN

•

Dass die **NATURFORSCHER** nicht durchaus mit mir einig werden, ist bei der Stellung so **VERSCHIEDENER DENKWEISEN** ganz natürlich; die meinige werde ich gleichfalls künftig zu behaupten suchen. Aber auch im ästhetischen und moralischen Felde wird es Mode, gegen mich zu streiten und zu wirken. Ich weiß recht gut, woher und wohin, warum und wozu, erkläre mich aber nicht weiter darüber. Die Freunde, **MIT DENEN ICH GELEBT, FÜR DIE ICH GELEBT,** werden sich und mein Andenken aufrecht zu erhalten wissen.

MAXIMEN UND REFLEXIONEN. ÜBER LITERATUR UND LEBEN

•

Das Glück des Lebens liegt **DUNKEL** auf mir. AN CHARLOTTE VON STEIN

•

... dass ich mich noch täglich nach den besten Überlieferungen und nach der immer lebendigen Naturwahrheit zu bilden strebe und dass ich mich **VON VERSUCH ZU VERSUCH** leiten lasse, demjenigen, was vor allen **UNSERN SEELEN ALS DAS HÖCHSTE** schwebt, ob wir es gleich nie gesehen haben und nicht nennen können, handelnd und schreibend und lesend immer näher zu kommen. AN JENNY VON VOIGTS

•

Unter uns, ich bin einer **VON DEN GEDULDIGEN POETEN,** gefällt euch das Gedicht nicht, so machen wir ein anderes.

AN FRIEDERIKE OESER

•

Und so wäre es wohl das Beste, sich nicht zu bekümmern, **WAS ANDERE TUN**, sondern immerfort zu suchen, wie weit man es **SELBST** bringen kann. AN CARL FRIEDRICH ZELTER

•

Und so fand ich mich fast mehr gehindert, mich zu entwickeln und zu äußern, durch **FALSCHE MIT- UND EINWIRKUNG DER SINNESVERWANDTEN**, als durch den Widerstand der Entgegengesinnten. DICHTUNG UND WAHRHEIT

•

Ich kann sagen, dass ich nur in Rom empfunden habe, **WAS EIGENTLICH EIN MENSCH SEI**. Zu dieser Höhe, zu diesem Glück der Empfindung bin ich später nie wieder gekommen. GESPRÄCHE MIT ECKERMANN

•

Mein Rat ist daher, **NICHTS ZU FORCIEREN** und alle unproduktiven Tage und Stunden lieber **ZU VERTÄNDELN UND ZU VERSCHLAFEN**, als in solchen Tagen etwas machen zu wollen, woran man später keine Freude hat. GESPRÄCHE MIT ECKERMANN

•

Bei meiner Art, zu empfinden und zu denken, kostete es mich gar nichts, **EINEN JEDEN GELTEN ZU LASSEN**, für das, was er war, ja sogar für das, was er gelten wollte … DICHTUNG UND WAHRHEIT

•

Das ist ja wohl **DAS KLÜGSTE**, was man tun kann, um sich Ruhe zu verschaffen, dass man gegen die anderen etwas **UNVERTRÄGLICH** sei. DER SAMMLER UND DIE SEINIGEN

•

Teilen kann ich nicht das Leben, ¶ Nicht das **INNEN**, noch das **AUßEN**, ¶ Allen muss **DAS GANZE** geben, ¶ Um mit euch und mir zu hausen. ¶ Immer hab ich nur geschrieben, ¶ Wie ichs fühle, wie ichs meine, ¶ Und so spalt ich mich, ihr Lieben, ¶ Und bin **IMMERFORT DER EINE.** ZAHME XENIEN

•

Was wäre ich denn, wenn ich nicht immer mit **KLUGEN LEUTEN** umgegangen wäre und **VON IHNEN GELERNT** hätte? ZU JULIE VON EGLOFFSTEIN

•

Hätte ich das Unglück, in der Opposition sein zu müssen, ich würde lieber **AUFRUHR UND REVOLUTION** machen, als mich im finstern Kreise ewigen Tadels des Bestehenden herumtreiben. Ich habe nie im Leben mich gegen den übermächtigen Strom der Menge oder der herrschenden Prinzips in **FEINDLICHE, NUTZLOSE OPPOSITION** stellen mögen; lieber habe ich mich in mein eigenes Schneckenhaus zurückgezogen und da **NACH BELIEBEN** gehauset. GESPRÄCHE MIT FRIEDRICH VON MÜLLER

•

Und was ich auch für Wege geloffen, ¶ Auf 'm Neidpfad habt ihr mich nie betroffen. GEDICHTE. SPRICHWÖRTLICH

•

ICH FÜR MICH kann, bei den mannigfaltigen Richtungen meines Wesens, nicht an einer Denkweise genug haben; als Dichter und **KÜNSTLER** bin ich Polytheist, Pantheist hingegen als **NATURFORSCHER**, und eines so entschieden als das andre. AN FRIEDRICH HEINRICH JACOBI

•

Ich glaubte an Gott und die Natur und an den **SIEG DES EDLEN ÜBER DAS SCHLECHTE**; aber das war den frommen Seelen nicht genug, ich sollte auch glauben, dass Drei Eins sei und Eins Drei; das aber widerstrebte dem **WAHRHEITSGEFÜHL IN MEINER SEELE**; auch sah ich nicht ein, dass mir damit auch nur im Mindesten wäre geholfen gewesen. GESPRÄCHE MIT ECKERMANN

•

Nehmt nur mein Leben hin in Bausch ¶ Und Bogen, wie ichs führe: ¶ Andre **VERSCHLAFEN** ihren Rausch, ¶ Meiner steht auf dem Papiere. ZAHME XENIEN

•

GEWÖHNLICH SCHRIEB ICH ALLES ZUR FRÜHSTEN **TAGESZEIT**; ABER AUCH ABENDS, JA TIEF IN DER NACHT, WENN WEIN UND GESELLIGKEIT DIE LEBENSGEISTER ERHÖHTEN, KONNT MAN VON MIR **FORDERN, WAS MAN WOLLTE**; ES KAM NUR AUF EINE GELEGENHEIT AN, DIE EINIGEN CHARAKTER HATTE, SO WAR ICH BEREIT UND FERTIG.

DICHTUNG UND WAHRHEIT

Ich bin ein sehr **IRDISCHER MENSCH**; mir ist das Gleichnis vom ungerechten Haushalter, vom verlorenen Sohn, vom Sämann, von der Perle, vom Groschen usw. göttlicher – wenn je was Göttliches da sein – als die sieben Botschafter, Leuchter, Hörner, Siegel, Sterne und Wehe. Ich denke auch, aus der Wahrheit zu sein, aber aus der **WAHRHEIT DER FÜNF SINNE** … AN LAVATER

•

Mir ist in allen Geschäften und Lebensverwickelungen **DAS ABSOLUTE MEINES CHARAKTERS** sehr zustatten gekommen; ich konnte Vierteljahre lang schweigen und dulden, wie ein Hund, aber meinen **ZWECK IMMER FESTHALTEN**; trat ich dann mit der Ausführung hervor, so drängte ich unbedingt mit aller Kraft **ZUM ZIELE**, mochte fallen rechts oder links, was da wollte. GESPRÄCHE MIT FRIEDRICH VON MÜLLER UND RIEMER

•

Mein eigentliches Glück war mein **POETISCHES SINNEN UND SCHAFFEN.** Allein wie sehr war dieses durch meine äußere Stellung gestört, beschränkt und gehindert. Hätte ich mich mehr vom **ÖFFENTLICHEN WIRKEN UND TREIBEN** zurückhalten und mehr in der Einsamkeit leben könne, ich wäre glücklicher gewesen und würde als Dichter weit mehr gemacht haben. So aber sollte sich bald nach meinem Götz und Werther an mir das Wort eines Weisen bewähren, welcher sagte: wenn man **DER WELT ETWAS ZU LIEBE GETAN** habe, so wissen sie dafür zu sorgen, dass man es nicht zum zweiten Male tue. GESPRÄCHE MIT ECKERMANN

•

Die guten Leutchen wissen nicht, was es einem für **ZEIT UND MÜHE** gekostet, um **LESEN ZU LERNEN**. Ich habe achtzig Jahre dazu gebraucht und kann noch jetzt nicht sagen, dass ich am Ziele wäre. GESPRÄCHE MIT FRIEDRICH SORET

•

Mich nach- und umzubilden, **MISSZUBILDEN** ¶ Versuchten sie seit vollen fünfzig Jahren; ¶ Ich dächte doch, da konntest du erfahren, ¶ Was an dir sei in Vaterlands-Gefilden. ¶ Du hast **GETOLLT ZU DEINER ZEIT** mit wilden ¶ Dämonisch genialen jungen Scharen, ¶ Dann sachte schlossest du von Jahr zu Jahren ¶ Dich **NÄHER AN DIE WEISEN**, Göttlich-Milden. WEST-ÖSTLICHER DIVAN

•

Ich heidnisch? Nun habe ich doch **GRETCHEN** hinrichten und **OTTILIE** verhungern lassen; ist denn das den Leuten nicht christlich genug? Was wollen sie noch Christlicheres?
ZU VARNHAGEN VON ENSE

•

Ja, wenn ich es nur je dahin noch bringen könnte, dass ich ein Werk verfasste – aber ich bin zu alt dazu – dass die Deutschen mich so ein fünfzig oder hundert Jahre hintereinander recht gründlich verwünschten und aller Orten und Ende mir nichts als Übles nachsagten; **DAS SOLLTE MICH AUßERMAßEN ERGÖTZEN.** Es müsste **EIN PRÄCHTIGES PRODUKT** sein, was solche Effekte bei einem von Natur völlig gleichgültigen Publikum, wie das unsere, hervorbrächte!
GESPRÄCHE MIT JOHANN DANIEL FALK

•

»Zu **GOETHES DENKMAL,** was zahlst du jetzt?« ¶ Fragt dieser, jener und der. – ¶ Hätt ich mir nicht selbst ein Denkmal gesetzt, ¶ Das Denkmal, wo käm es denn her? ZAHME XENIEN

•

Ich bin euch sämtlichen zur Last, ¶ Einigen auch sogar verhasst; ¶ **DAS HAT ABER GAR NICHTS ZU SAGEN:** ¶ Denn mir behagt's in alten Tagen, ¶ So wie es mir in jungen behagte, ¶ Dass ich nach Alt und Jung nicht fragte. ZAHME XENIEN

•

EI, BIN ICH DARUM ACHTZIG JAHRE ALT GEWORDEN, DASS ICH **IMMER DASSELBE** DENKEN SOLL? ICH STREBE VIELMEHR, TÄGLICH ETWAS ANDERES, NEUES ZU DENKEN, UM NICHT LANGWEILIG ZU WERDEN. MAN MUSS SICH **IMMERFORT VERÄNDERN**, **ERNEUEN**, **VERJÜNGEN**, UM NICHT ZU VERSTOCKEN.

GESPRÄCHE MIT FRIEDRICH VON MÜLLER

Nun ja! wir sind so etwas **DEUTSCHER SAUERTEIG** gewesen; das fängt schon an zu gären; sie mögen es draußen und drüben mit ihrer Masse durchkneten und sich daraus ein **BACKWERK NACH IHREM GESCHMACK** machen. AN FRIEDRICH FÖRSTER

•

»Triebst du doch bald diese, bald das! ¶ War es ernstlich? ¶ War es Spaß?« ¶ Dass ich redlich mich beflissen, ¶ **WAS AUCH WERDE**, Gott mags wissen. ZAHME XENIEN

•

Allein mit all meinem Namen und Stande habe ich es **NICHT WEITER GEBRACHT**, als dass ich, um nicht zu verletzen, zu der Meinung anderer schweige. GESPRÄCHE MIT ECKERMANN

•

Die Leute wollen immer, ich soll auch **PARTEI NEHMEN**; nun gut, ich steh auf meiner Seite. ZU FRIEDRICH FÖRSTER

•

BIN ICH DOCH FROH, mein Leben hinter mir zu haben; was ich geworden und geleistet, mag die Welt wissen; wie es im Einzelnen zugegangen, bleibe mein eigenstes Geheimnis. GESPRÄCHE MIT FRIEDRICH VON MÜLLER

•

Ich habe alles, was ich gesehen, gehört, beobachtet habe, **GESAMMELT UND VERWERTET.** Meine Werke haben von tausend verschiedenen Personen Nahrung gezogen; Unwissende und Weise, geistvolle Männer und Dummköpfe, die Kindheit, das reife Alter, das Greisenalter, alle kamen und boten mir ihre Gedanken, Fähigkeiten, ihre Hoffnung, ihre Art zu sein, an; ich hab oft geerntet, wo andere gesät hatten, mein Werk ist das **EINES SAMMELWESENS**, und es trägt den Namen Goethe. AN FRIEDRICH SORET

MEHR ZUM MITNEHMEN

10,5 × 15,5 CM
BROSCHUR
JE 7 €

POLITISCHE GEDICHTE
VON BERTOLT BRECHT

112 Seiten
ISBN 978-3-355-01854-8

REBELLISCHE WORTE
VON ERNESTO CHE GUEVARA

96 Seiten
ISBN 978-3-355-01854-8

E-Book 4,99 €
ISBN 978-3-355-50042-5

WEGWEISENDE ZITATE
VON PAPST FRANZISKUS

96 Seiten
ISBN 978-3-355-01853-1

E-Book 4,99 €
ISBN 978-3-355-50034-0

KRITISCHE ZITATE
VON SIGMUND FREUD

96 Seiten
ISBN 978-3-355-01858-6

E-Book 4,99 €
ISBN 978-3-355-50040-1

NÜTZLICHE ZITATE
VON W. I. LENIN

112 Seiten
ISBN 978-3-355-01842-5

E-Book 4,99 €
ISBN 978-3-355-50029-6

EIN TREFFLICH WORT
VON MARTIN LUTHER

96 Seiten
ISBN 978-3-355-01841-8

E-Book 4,99 €
ISBN 978-3-355-50028-9

LUXEM
BURG
TO GO
neues leben

MA
RX
TO GO
neues leben

TUCHOL
SKY
TO GO

TEXTGRUNDLAGE:
JOHANN WOLFGANG VON GOETHE: BERLINER AUSGABE.
HERAUSGEGEBEN VON SIEGFRIED SEIDEL. BERLIN 1960 FF.

ISBN 978-3-355-01862-3

UMSCHLAG UND KONZEPT: BUCHGUT, BERLIN
DRUCK UND BINDUNG: BUCHDRUCKEREI.DE, BERLIN

DIE BÜCHER DES VERLAGS NEUES LEBEN
ERSCHEINEN IN DER EULENSPIEGEL VERLAGSGRUPPE.

WWW.EULENSPIEGEL.COM